THE FORCE OF NONVIOLENCE

the Ethical in the Political

無論何時，只要武器、肢體攻擊或暴力的使用在多大空間上被允許，靈魂力量之可能性便會在多大空間上被斲傷。

——聖雄甘地（Mahatma Gandhi）

如今，我們面臨的不再是暴力與非暴力之抉擇，而是非暴力或非存在之間的抉擇。

——馬丁・路德・金恩（Martin Luther King, Jr.）

（非暴力）之遺產並不屬於個人，而是一種屬於廣大人類的共同遺產，透過團結一心，宣告永不向種族主義與不平等的威脅低頭。

——安吉拉・戴維斯（Angela Davis）

專文推薦

非暴力：一種積極面對暴力的政治實踐

黃涵榆（國立臺灣師範大學英語學系教授）

目前任教於美國柏克萊大學的茱蒂斯・巴特勒，在政治哲學、倫理學、女性主義、酷兒理論等領域都是相當具有影響力的當代哲學家與行動者。巴特勒的學術著作從早期的《性別惑亂：女性主義與身分顛覆》（*Gender Trouble: Feminism and the Subversion of Identity*, 1990）和《要緊的身體：論性的言談限制》（*Bodies That Matter: On the Discursive Limits of Sex*, 1993）開始，就已奠定她在當代學術界的重要地位。這些著作都挑戰了傳統二元對立的性別概念，把性別界定為一種建構和展演的過程。巴特勒在實際行動上除了為女同性戀和男同志平權運動發聲之外，也強力批判以色列的猶太復國主義。

巴特勒的學術著述豐富且多元，但不乏前後連貫的關懷，包括對於即身性

（embodiment）的重視，而她的倫理學總是不離主體對於自身認知限制的體察。本書《非暴力的力量：政治場域中的倫理》（*The Force of Nonviolence: The Ethical in the Political*，後文引為《非暴力的力量》）也延續了這些關懷，透過與班雅明、德希達、佛洛伊德等人思想的對話，深入探討政治與倫理領域中至關重要的暴力與非暴力的議題。但本書同時也為暴力研究提供了新的語彙和概念，包括可悲慟性（grievability）、展演性（performativity）、脆弱性（vulnerability）等等。

《非暴力的力量》的論述核心，在於暴力與非暴力之間模糊但並非不存在的區分，也正是這樣的模糊性或曖昧性，使得批判性思考顯得格外重要，以免暴力與非暴力落入虛假不實的區分甚至被誤用，畢竟暴力論述總是具有政治與情感的效應，會被用來合理化特定政策與利益。本書主張暴力總是經過詮釋的，也因為如此，本書企圖打開詮釋暴力的可能性。巴特勒並不贊成為了對抗體制暴力而訴諸策略性的暴力，同時巴特勒也在挑戰有關非暴力的預設。非暴力應該被理解為社會與政治實踐，而不是道德取向；非暴力不一定出自於平靜的靈魂，而經常是憤怒；更重要的是，非暴力是一種只能趨近但無法完全實現的理想。如本書書名所示，非暴力不是抗拒行動，而是一種積極面對暴力的力量；非暴力的重要任務不在於譴責個別暴力行為，而更應該是揭露和批判體制性的暴力與壓迫。巴特勒指出：「事實上，當世界成了一個暴力的場域，『非暴力』的意義便在於替這樣的世界找出生存與行為之道。當暴力似乎要充斥整個世界、無所宣洩時，透過非暴力的力量，可能扭轉、制止或改變暴力的局面。」

要反思暴力與非暴力的區分，我們必須打破與他人界線分明的「自我」的迷思。如果我們對於暴力和非暴力的思考侷限於自我的概念，我們可能因此無視體制性的或客觀性的暴力，因為我們無法清楚指認施行暴力的個人。這樣的迷思也可能讓「自我防衛」合理化暴力行為，沒有考慮（不管是個人或一整個族群、甚至至國家的層次）「自我」的社會性，也就是個體之間的交互依存。當我們破除自我的迷思，每一個生命都將是值得保存的，每一個生命的逝去也都是值得哀悼的，這就是本書的核心概念「可悲慟性」（grievability）。必須強調的是，可悲慟性並非只是一種情感，更對於我們反思健康照護、戰爭、公民身分等，有積極的作用。「可悲慟性」同時是想像力和行動的倫理要求，我們被彼此、被每一個生命的逝去纏繞，我們對於構成暴力的所有現實和結構性因素不再習以為常。

《非暴力的力量》並沒有給出確切的行動步驟，但是可以確定的是，它企圖撼動我們視為理所當然的一切價值觀，挑戰我們關於暴力與非暴力的錯誤觀念，那是建構新的共存方式必要的第一步。如同巴特勒自己在後記所說的，「我們生活在無數暴行和死亡肆虐的年代」，更需要理解暴力的真相。在當前的時代裡，我們依然目睹著難民、無國籍者、有色人種、女性、跨性別者等團體遭受暴力甚至戮殺的日常，這些都不是個別事件，而是具有全球的連結性。同樣是在我們所處的時代裡，國家機器任意使用自己的媒體和武力將異議分子塑造成暴民，即便他們使用和平的手段。

當我們從媒體看到許許多多暴力的報導和影像，我們是否在感受短暫的驚嚇之後，便當作什麼事都沒發生，無視遺忘或抹煞系統性的暴力？要讓非暴力展現真正的力量，我們需要的是理論分析、倫理、認識論、社群網路、團結和行動的號召。除此之外，我們在某種程度上也必須要脫離現實，保持對於更多可能性的未來的政治想像。這些都是《非暴力的力量》給予讀者的。

謝詞

我想對曾在二〇一六年耶魯大學的檀納講座（Tanner Lectures at Yale University）、二〇一八年格拉斯哥大學的吉福講座（Gifford Lectures at the University of Glasgow）、或二〇一九年都柏林大學學院的卡明講座（Cuming Lectures at University College Dublin）中，聽過書中這幾章節早期版本、並給予反饋的聽眾，致上最大謝意。同樣地，我也對巴塞隆納當代美術館（Centre de Cultura Contemporània de Barcelona）、蘇黎世大學（University of Zurich）、巴黎政治學院（Science Po in Paris）、東京明治大學、阿姆斯特丹自由大學（Free University of Amsterdam）、貝爾格萊德大學哲學與社會理論研究所（Institute for Philosophy and Social Theory at the University of Belgrade）、新學院社會批判調查研究所（Institute for Critical Social Inquiry at the New School for Social Research）、金山大學懷特斯社會經濟研究所（WISER at the University of the Witwatersrand）、二

○一五年劍橋大學舉辦之心理學等研討會、以及二○一四年美國當代語言學會會議上，曾經聆聽、給予批判性見解的聽眾們致上我的感謝。我也特別感謝我在加州大學柏克萊分校（University of California, Berkeley）的學生與同僚，因為有他們，我的思緒才能保持前所未有的敏銳。不免俗地，我也要感謝聰慧的溫蒂・布朗（Wendy Brown）總是舒心的陪伴，並一路以來支持我。我要將這本書獻給我在柏克萊重要的朋友兼同事莎芭・馬蒙德（Saba Mahmood），我知道她一定會反對我的觀點，但我最珍惜的就是這樣的意見交流。

第二章和第三章，是二○一六年耶魯大學惠特尼人文中心檀納講座內容的修訂與延伸；第四章的原始版本刊登於二○一九年牛津大學出版的《牛津哲學與精神分析手冊》（*The Oxford Handbook of Philosophy and Psychoanalysis*）上，該書由理查・吉普（Richard G. T. Gipp）和麥可・雷斯溫（Michael Lacewing）編輯。

CONTENTS

前言

非暴力議題在政治光譜各端上都飽受爭議，左翼分子主張暴力本身就可以為社會與經濟帶來徹底轉型，而也有人較保守地認為，暴力僅應做為我們實現這種轉型的策略之一。不論是主張非暴力、或選擇手段性或策略性地使用暴力，唯有在對「暴力」和「非暴力」的構成要件上有所共識後，這些論述才能被搬上檯面。非暴力支持者所面臨的一大挑戰在於，「暴力」和「非暴力」本身就是具有爭議的詞彙，比如說，有些人將傷人的話語視為「暴力」，然而也有人主張除了明確的威脅以外，把語言本身冠上「暴力」的形容並不恰當。另外有人堅持「暴力」的概念應有侷限，認為實質上的「身體攻擊」才能算數；還有人堅信經濟和法律結構是「暴力的」，它們會作用於身體之上，即便往往不是採用肢體暴力的形式。實際上，攻擊的形象（figure）已經悄悄地形塑了一些關於暴力的重要辯論，顯示出暴力往往發生於對峙的兩方人馬。將物理攻擊視為一種暴力無庸置疑，但我們也可主張社會結構或系統是「暴力的」，系統性種族主義（systemic racism）即是一例。確實，有時頭部或身體遭受物理攻擊，也算是系統性暴力的展現，但在這種狀況下，必須先釐清行動與結構或系統間的關係。要了解結構性或系統性的暴力，必須跳脫正面論述，因為它會限制我們理解暴力運作的方式。此外，我們必須找到一個更全面性的論述框架，而不是固守一方打人、一方被打的二元框架。當然，任何關於暴力的論述，如果無法解釋毀滅、攻擊、性暴力行為（包括強暴），或者無法理解暴力如何在親密二元、或面對面衝突的關係中運作，便是描述層面和分析層面上的失敗，無法闡明暴力到底是什麼。當我們在辯論何謂暴力與非暴力時，就是陷入了這種狀況[1]。

表面看來，宣稱自己反對暴力、表明立場，似乎是再簡單不過的事。然而在公共辯論的過程中，我們會發現「暴力」一詞是不穩定的，其語意本身能挑起各種爭端。有時國家和機構會將持不同政治意見、反對政府或質疑當權者的聲音冠

1 詳見 "The Political Scope of Non-Violence", Thomas Merron, ed., *Gandhi: On Non-Violence*, New York: New Directions, 1965, 65-78.

上「暴力」的形容。示威、紮營抗議、集會、抵制、罷工，全都可以視為「暴力」，即便抗議者沒有訴諸肢體衝突或上述任何形式的系統性或結構性暴力[2]。國家或機構之所以這麼做，目的在於將非暴力行為扣上「暴力」之名，引發一場公共語義層面上的政治戰。若連為了支持言論自由而發起的示威，這種自由本身的展現，都能被稱作「暴力」，唯一的可能即是當權者要霸佔對「暴力」一詞的使用權，因此不惜誹謗反對者，並合理化警力、軍隊、防禦機構的調派，用這些力量打擊捍衛自由的示威者。美國研究學者堅登・瑞地（Chandan Reddy）便曾論及：美國所採取的自由主義的現代性（liberal modernity），將國家視為自由的應許之地，保護人民免於暴力侵害，但卻是透過對少數族群，以及被貼上非理性或違反國家規範標籤的人毫無顧忌發動暴力，以此達到這點[3]。他認為：這個國家是建立在種族暴力的基礎上，且對少數族群的系統性施壓仍未止息。因此，種族暴力被當成國家「自衛」的手段。在美國等地，黑人和棕色人種被警方貼上「暴力分

2 欲觀更多非暴力行動，參見 Gene Sharp, *How Nonviolent Struggle Works*, Boston: Albert Einstein Institution, 2013.

3 Chandan Reddy, *Freedom with Violence: Race, Sexuality, and the US State*, Durham: Duke University Press, 2011.

子」標籤，因而被逮捕或射傷制伏的事件層出不窮，即使他們手無寸鐵、只是剛好路過或跑過，或僅是試圖要抱怨，搞不好連睡個覺也有無妄之災[4]。在這種狀況下，警方往往先將特定目標對象視作威脅、會帶來實際暴力傷害的一方，然後進一步將自身行動解釋為「自衛」，如此的操作手法，讓人不禁感到既離奇又震驚。即使目標對象未做出明確的暴力舉動，他們仍被視為暴力的化身，因為他們是**那種暴力的人**，或因為他們身上體現出純粹的暴力，後者更經常帶有種族主義的主張。

因此，「暴力」議題從最初「支持與否」的道德論證，一下子演變成定義上的爭辯，以及探討什麼人會被視作「暴力的」、又是在何種情況下會如此。當一個團體凝聚起來對審查制度提出反對，或指責國家缺乏民主自由，往往會被扣上「暴民」帽子，或被認為是造成混亂或毀滅的威脅，敗壞社會秩序，這群人遂被塑造成潛在、甚至真正的暴力分子，如此一來，國家便有理由保護社會免於暴民

4 對於非裔美國人遭警「合理」兇殺案的統計數據，參見 "Black Lives Matter: Race, Policing, and Protest," Wellesley Research Guildes, libguides.wellesley.edu/blacklivesmatter/statistics.

威脅。而隨之而來一系列的暴力行為，比如監禁、傷害或殺戮，即是一種國家暴力（state violence）。即使國家企圖用自身權力，將異議分子命名和詮釋為暴徒，仍然不改這是一種「暴力」的事實。同樣地，如果國家握有國營媒體，或對媒體進行充分控制，一場和平示威便很容易被描繪、塑造成「暴行」，舉例而言，二〇一三年在伊斯坦堡蓋齊公園（Gezi Park, Istanbul）發起的和平示威[5]、或二〇一六年土耳其一眾學者所簽署的和平協議信[6]便是如此。在這種情況下，集會自由被認為是「恐怖主義」（terrorism）的體現，如此一來，國家檢視、被警察棍打或噴水、裁員、無限期拘留、入獄、放逐等遭遇便接踵而至。

雖然透過開誠布公討論以及找出共識的方式，可以更容易討論出何為暴力並取得共識，然而這在政治場域中是行不通的，掌權者將指控反對者為暴力的權力視為一種工具，以此來強化國家力量、抹黑反對者的理念，趁機徹底褫奪其公權、監禁，甚至謀殺他們。在這種情況下，我們必須反抗這種虛假與不公的指控。但

5 參見“Gezi Park Protests 2013: Overview,” University of Pennsylvania Libraries Guides, guides.library.upenn.edu/Gezi_Park.

6 參見“Academics for Peace,” Frontline Defenders 官網：frontlinedefenders.org。

當語義混雜的狀況已經根植在公共場域裡，以致難以辨認出暴力的情況下，何談反抗？我們是否已經被各種混亂觀點淹沒，導致我們只能被迫接受這種寬泛的相對主義（generalized relativism）？或者，我們是否可以建立一種分辨方法，來分辨透過捏造事實以反轉暴力責任歸屬的手段，以及其他往往尚未命名而缺乏恐怖的結構性與系統性暴力？

如果想論證支持非暴力的主張，首先必須了解並估量暴力一詞在話語、社會和國家權力的場域中，是如何被描述、歸類的，此外還要了解暴力的策略型反轉（inversion），以及該詞本身在責任歸屬上的不定性。更進一步地，我們必須抱持批判態度，審視國家暴力是如何陰謀將自身合理化，並且要了解這種陰謀是如何壟斷「暴力」一詞的使用權。這種壟斷建立在命名行為上，它為暴力塗脂抹粉，偽裝成合法的高壓統治，或將自身的暴力轉移到外在的目標對象上，好似在他人身上重新發現了這種暴力。

不論是要支持或反對非暴力，我們必須儘可能地區別它與暴力的不同。但要確立這兩者的語義差異並非一蹴可及，因為這個差異經常被利用來掩飾或放大暴力的目標和行動。換句話說，我們非得從概念上了解這個術語在各種情境中的部署方式，並且得分析這些部署背後的意義，才能導出結論。對於被指控為暴力、實際上卻沒有犯下任何暴行的人們，若認為指控不合理想為自己辯駁，便須說明什麼才能構成「暴力」指控：不只是「說了什麼話」，還需要說明「這些話具有什麼效果」？在何種認知架構上的話術容易被相信？換言之，是什麼讓人產生信任？更重要的是，要如何去拆穿和破解這些具有「高可信度」的話語？

在進行討論前，我們必須先同意「暴力」與「非暴力」的用法是多變且矛盾的，而不是陷入一種虛無主義的思想，以為暴力和非暴力的分界只由當權者來決定。本書的任務之一，便是要接受一件事，即當暴力受限於工具性的定義，服膺於政治利益、甚至國家暴力本身時，要定義及確立「暴力」一詞是極為困難的。對我而言，這種困難不意味著我們的批判性思考任務將被這種混亂的相對主義削弱，使我們無法辨識出錯誤且有害的工具性區分。暴力與非暴力所進入的道德辯論和政治分析場域，都早已被先前的各種運作給詮釋、改造過。如果我們希望反對國家暴力，並審慎檢視左翼分子將暴力合理化的手段，就無可避免地必須面對詮釋、區分暴力與非暴力的需要。當我們涉入道德哲學的水域，會發現我們處於道德哲學和政治哲學兩者的匯流處，在雙雙交互作用下，最終將影響我們參與政治、打造世界的方式。

在支持策略性地使用暴力這點上，左翼人士最常見的論調就是：許多人早就生活在暴力之中了。承接這個論調，正因暴力無時無刻都在發生，一個人是否透過行動去涉入暴力，其中根本不存在真正的選擇：因為我們早已身處暴力的場域。從這個角度觀之，以旁觀者的立場去討論使用暴力與否，這種道德論證本身就是特權、奢侈的，罔顧了自身在權力場域中的位置。從這個層面上看，使用暴力不是一種選擇，因為當事人早已身不由己地活在暴力之中。由於暴力時時刻刻都在上演（對弱勢族群則是日常），因此在這種情況下的反擊只是一種反暴力（counter-violence）的形式罷了[7]。除了主張「暴力鬥爭」（violent struggle）之於革命的必要性這種較普遍和傳統的左派論調外，還有其他更具體的辯解：由於

7 針對反抗以及其相悖公式之完整論述，參見 Howard Caygill, *On Resistance: A Philosophy of Defiance*, New York: Bloomsbury, 2013.

我們被暴力侵害，我們理應對：一、先使用暴力的那方，以及二、衝著我們來的人，採取以暴易暴的行動。我們是出於維護自身和行使權利的基準下，才這麼做的。

至於抵制暴力的行為應被視為反暴力的這番主張，我們也應提出各種質疑：縱使深陷暴力不曾終止的循環，我們難道有資格決定是否讓它繼續惡性循環下去？若暴力不斷運行，是否就代表這將是個無限循環？去質疑這種無限循環背後的意義又是什麼？主張以暴易暴者可能會以「別人做了，我們也應該這樣做」，或「別人針對我們，出於自衛，我們也針對他們」之主張來辯駁。這兩種主張各有所異，但都十分重要。第一種說法秉持直接的相互關係原則，主張別人若對我們採取了什麼行動，我們就有資格採取同樣方式。然而，這種論調罔顧了對方的行動是否合理。第二種說法將暴力的概念與自衛、自保掛勾，在之後的章節會有更詳細的探討。目前我們先探討：所謂的「自我防衛」一語，要防衛的「自我」究竟指誰[8]？要如何將這個自我（self）從他人的自我，或從歷史、土地或其他

8 Elsa Dorlin, *Se défendre: Une philosophie de la violence*, Paris: La Découverte, 2017.

定義中劃分出來？那些被他人施暴的人，是否某種意義上，也屬於那個出於自衛而施暴的「自我」之一部分？就此層面而言，對一個人施暴就等於是對自我施暴，但前提是這兩者間必須從根本上有高度關聯。

上述第二種主張是本書的核心關懷之一。當執行非暴力的一方和施暴方有所關聯，那麼他們之間顯然就先存在了一層社會關係：他們是彼此的一部分，或是說他們各自的自我會彼此牽連。而非暴力便成了默認這層社會關係的一種方式，無論這有多麼令人擔憂、或如何強化（affirming）了從這種既存社會關係中所產生的規範性期望（normative aspirations）。因為如此，我們無法從個人主義的角度檢視非暴力倫理，反而要在倫理與政治的基礎上，對個人主義加以批評。談及非暴力的倫理和政治，就必須先解釋眾多的自我是如何與他人的生活相互交織，並受到一系列的社會關係約束，這些關係可能同時具備了破壞性或支持性。而被綁定和定義了的關係，乃是超越二元的人類衝突（human encounter）之上，也因此，非暴力的命題不僅存在於人際關係內，更存在於所有活生生的（living）、相互建構的關係中。

然而，欲進行關於社會關係的探討，必須先了解在暴力衝突當中，兩個主體間存在了哪種潛在或實質的社會連結。如果一個人的自我是透過與他人的關係而構成，那麼保有或否定自我，便也部分意味著去保有或否定所衍生出、用以定義自我和世界的社會聯繫。在反對以個人自衛之名，將自我使用暴力視為必然發生這種概念的情形下，我們在進行非暴力的探討時，便須對自我主義的倫理（egological ethics），以及個人主義的政治遺緒（political legacy of individualism）進行批判，才能將自我（selfhood）的概念開拓為充滿社會關係性（social relationality）的場域。此處所謂的關係性，自然在某種程度上是由矛盾、憤怒、侵犯等負面成分所定義的。人際關係中潛在的破壞性，並不會將關係性給全盤推翻，且關係的視角也無所遁逃於社會束縛中始終留存的潛在或實質破壞。因此，關係性本身並非什麼正面事物，既不是一種聯繫的象徵，也不是用來對抗破壞的倫理規範；相反地，關係性是一個爭議且矛盾的場域，在該場域中，有鑑於持續存在於結構上的潛在破壞性，必須優先解決有關道德義務的問題。不管「做對的事」最終導致何種結果，都取決於做出倫理判斷後，所需經歷的分裂和掙扎。這個課題不僅僅是自反的（reflexive），換言之，它並不是僅僅只關乎自己。事實上，當世界成了一個暴力的場域，非暴力的任務便在於替這樣的世界找出生存與行為之道，當暴力似乎要充斥整個世界、無所宣洩時，透過非暴力可能扭轉、制止或改變暴力的局面。身體在這個改變中，可以扮演載體（vector）的角色，然話語、集體行動、基礎建設、各個機構同樣也能擔綱此角。反對者認為支持非暴力根本不切實際，面對這類型反對聲浪，非暴力支持者應質疑何謂現實，並肯定反現實主義（counter-realism）在如此世道下的力量與必要性。也許要做到非暴力，必須一定程度上地超脫現實，如此一來將拓展更多可能性，建構出嶄新的政治想像。

許多左派人士主張他們信仰非暴力，但自我防衛時例外。要理解他們的說法，我們首先要釐清「自我」一詞的定義——它的涵蓋領域、界線和構成關係。如果我所捍衛的自我就是我自己、我的親屬，抑或是和我屬於相同社群、國家、信仰、語言的人，如此一來我便化身成同溫層中的社群主義者（communitarian），理想上我就應該要守護同路人的生命，而不是非我族類。此外，顯然這個「我」生活在一個很容易意識到「自我」存在的世界。當發現有些人的自我比起其他人的更值得捍衛，我們便以自衛之名合理化種種暴行，這樣難道不算是一種不平等的展現嗎？要解釋這種不平等，不能不把種族計畫列入思考，畢竟正是它對誰的性命比較珍貴（若失去了會令人悲慟）、誰的不值得做出詭異的劃分，這種由「可悲慟性」（grievability）之程度所造成的不公平，存在於全球族群光譜之中。

有鑑於自衛極易被視為執行非暴力時的合理例外狀況，我們必須考慮兩個問題：一、此處的自我指的是誰，以及二、這個「自我」涵蓋的範圍有多廣（是否涵蓋家人、社群、信仰、國家、故土、風俗習慣）？而那些被認定沒有悲慟價值的生命（好像有沒有他們都無關痛癢），便彷彿徘徊在弗朗茲．法農（Frantz Fanon）所說的「非存在區域」（the zone of non-being）中。若想突破這個圖式（schema），需要出現一個使人重新正視生命的宣言，「黑人的命也是命」（Black Lives Matter）社會運動即是一例。生命之所以重要，是因為生命於外在世界中呈現出的物理形式；生命之所以重要，是因為每個人都值得被平等對待。然而，自我防衛的主張，往往成了掌權者的防護盾，用來維繫力量、特權，以及其所假定與製造的不平等。在這些情況下，受到保護的「自我」可能屬於白種人、某個特定的國家，或是邊境爭執中的一方；如此一來，自我防衛一詞成了引戰的開端。此處「自我」的運作方式可以與政權相比擬，在這個膨脹的自我中，囊括了在膚色、階級或特權上具有相似性的一群人，而在這個秩序中被標註為異類的主體／自我，則會因此遭到驅逐。即使我們往往認為自我防衛是為了因應外來攻擊，但那些享有特權的自我卻不需要透過這種刺激，即能劃清界線、排除他者。「任何潛在威脅」——也就是任何想像出來的威脅、任何威脅的幻影，都足以釋放所謂暴力的本質。誠如哲學家艾莎・多林（Elsa Dorlin）所言，只有某一些自我被認為是有權自衛的[9]。舉例而言，在法庭上，「自衛」從誰的口中說出更容易取信於人？從誰的口中說出來較容易被打折扣、被駁回？換句話說，在法律的權力框架中，誰的「自我」更有辯護價值？誰的生命更值得存在、值得捍衛，不能任其逝去？

左派人士支持使用暴力，另一個強而有力的論點就是：為了戰勝結構或系統

9　同上。

性暴力，或是為了推翻如種族隔離、獨裁或極權主義的暴力政權，暴力本身具有策略上的必要性[10]。我不否認這個論點可能是正確的，然而，這個主張若要成立，我們必須先了解政權的暴力、以及將其推翻的暴力，兩者間有何區別。我們是否一定有辦法區分它們？是否必須面對這道分界可能會崩解的事實？換句話說，暴力本身是否會顧及這種區別、或顧及我們屬於哪一類人？使用暴力是否只會複製出暴力，讓事態朝著一發不可收拾的方向發展？

有時，贊成暴力的論點會辯稱：暴力只是一種為了實現某個目標的手段。對此我們必須反問：暴力是否可以純粹做為鎮壓暴力的一種工具、手段——僅是推翻暴力的結構或政權，而不會成為目的本身？是否能將暴力限制在工具、手段的狀態，而不使之成為結果，是工具主義者（**instrumentalist**）在為暴力辯護時亟需

10 參見 Friedrich Engels, *Anti-Dühring*, Moscow : Progress Publishers, 1947 ; Étienne Balibar, "Reflections on Gewalt", *Historical Materialism*, 2009, 17 :1; Yves Winter, "Debating Violence on the Desert Island: Engels, Dühring and Robinson Crusoe", *Contemporary Political Theory*, 2014, 13 :4; Nick Hewlett, "Marx, Engels, and the Ethics of Violence in Revolt", *The European Legacy: Toward New Paradigms*, 2012, 17 :7; *Blood and Progress: Violence in Pursuit of Emancipation*, Edinburgh: Edinburgh University Press, 2016.

論證的一環。要使用工具來達成目的，前提是這個工具遵循清楚明確的目標運行，並全程保持服從狀態。此外，也取決於我們是否能掌握暴力行動該在何時結束。萬一暴力失控了，不照我們的意思運行，超出且違背當初的政治意圖，該如何是好？萬一暴力本來就是一種會不斷「失去掌控」的現象呢？最後一點，萬一將暴力做為實現目標的許可證，但卻有形無形地讓暴力的使用更加氾濫，進而導致世界充斥更多暴力呢？如此一來可能導致一種情況，即是讓持有相反目標的人也有了藉口去啟動這個許可證，藉此實現他們的意圖，追求破壞性目標，這又與其當初所設的工具性用途相悖——這些目標或許根本不受任何明確意圖所支配，又或許，其本身就是具破壞性、無焦點、亦無目的的存在[11]？

我們會發現，在著手進行暴力與非暴力的相關論述後，另一系列的問題隨之而起。首先，「暴力」往往被策略性地詮釋，以用來描述各式各樣迥異的狀況，反映出了暴力一詞**總是經過詮釋**的事實。這個理論並不意味暴力僅僅是種詮釋，

---

11 欲了解反面觀點，參見 scott crow, ed. *Setting Sights: Histories and Reflections on Community Armed Self-Defense*, Oakland: PM Press, 2018.

畢竟詮釋一般是一種主觀且任意的指涉方式。而暴力更毋寧是在各種不同的框架中被詮釋，由於框架之間時而無從比較、時而相互牴觸，暴力的呈現方式也會有所不同——甚至根本不會出現，一切取決於暴力在討論框架（間）如何被操弄。欲替「暴力」一詞下註，與其透過援引例證，更應該做的是尋找一套概念化的方法，以把在各個衝突的政治框架中所產生的詞意波盪都涵括在內。事實上，為了實現這個宗旨，本書的目標之一就是為此創造一個全新的論述框架。

第二，「非暴力」經常被理解成一種道德立場，個人出於良知或某些緣故，選擇不使用暴力。然而，實踐非暴力之最有力的理由，或許正隱含著對個人主義的批判，並要求我們反思使我們生而為人的這條社會紐帶。一個人在使用暴力的過程中，不單只是摒棄了個人良知或根深蒂固的原則，更是對社會生活中所需的某些「聯繫」造成了傷害，換句話說，暴力斲傷了人做為社會性動物的生命。同樣地，將暴力以自衛角度合理化的此番論點，似乎打從一開始就掌握了自我的涵義，清楚誰有資格擁有自我，以及其邊界何在。然而，若認為「自我」反映了一種關係性，那麼這些擁護自我防衛的人，勢必要針對這一自我的邊界給出明確解釋。如果一個特定的自我和某群人息息相關、無法分割，那麼，這種一體的自我該從何時算起、又在哪裡結束？如此看來，這種反對暴力的論述，不僅隱含了對個人主義的批評，還闡述了非暴力之於社會樞紐或關係的必要性。因此，與其把非暴力視為個人的道德取向，更不如將其理解為一門攸關生存與關係永續的社會哲學。

此外，在政治場域中，社會紐帶之必要性與不平等的社會現象兩者間的關係，必須要一同探討，比如為什麼特定的「自我」值得捍衛[12]。在生命未受到威脅的情況下，對社會紐帶的描述是在一種社會本體論（social ontology）的基礎上進行，因此應該被理解成一種社會想像（social imaginary），而不是社會的形而上學（metaphysics of the social）。換言之，大體上我們可以肯定地說，生命以社會中的相互依存關係（interdependency）為其表徵，而暴力則被視作對這種依存關係、對人的傷害。話雖如此，但更根本地說，這是對「紐帶」的傷害。而所謂

12 Dorlin, *Se défendre*, 41-64。

「相互依存」，雖有獨立性和依賴性的個別差異，實際上卻隱含社會平等的意義：每個人都是依賴者，或是在被依賴與依賴的關係中被塑造與延續。每個人所依賴或背負的事物各式各樣，因為這不僅僅是他人的生命，還包括其他有感知的生物、環境、基礎設施：我們依賴這些事物，而它們也同樣地依賴我們，以維持一個可生存的世界。在這個語境下所探討的平等，並不是人人平等的概念，因為我們所謂的「人」，是指單一且特殊的個體，透過劃定界線來釐清定義。單一性、獨特性是確實存在的，界線亦然，但這些構成了眾生的差異特徵，使其因為相互關係性，得以被定義與延續。若缺乏對相互依存的綜括性認知，我們便會將身體界線視為盡頭，而不是一個人的門檻（threshold）、通道和間隙，或對身體中固有的他異性（alterity）敞開心胸的一項證據。身體的門檻，或身體做為門檻的概念，打破了將身體視為「單位」（unit）的思考。從而，平等的定義就不能被簡化成僅是賦予每個抽象個體相等的價值，因為我們必須更精確地從社會之相互依存性的角度，來考慮人類實質的平等。儘管每個人都必須被平等對待，然而要在所屬的社會組織之外，實現物質資源、糧食分配、居住、工作與基礎建設等生活待遇上的平等，是不可能的事。也因此，為確立「平等」一詞在各種實質上的涵義，去探討這種宜居條件（conditions of livability）上的平等，便極為重要。

再者，試問誰的生命才算值得保衛的「自我」，即有資格「自我防衛」？這個問題唯有在我們認識到普遍存在於形式上的不平等時才有意義，這種不平等造成某些人相較於其他人更值得活著、更值得為之悲慟。他們在特定框架中建構了這種不平等，然而這是一種歷史的不平等，且會在其他競爭框架中遭受質疑。它並沒有闡述任何生命的內在價值。此外，當我們深思這種將族群增值或貶值、保護或拋棄的普遍且異化的區分方式，就不得不面對造成這種不公的權力形式，其透過建立不平等的「可悲慟性」，創造了生命間的價值差異。在此，我並不把「族群」（population）視為一種社會學的既有之物（sociological given），因為某種程度上來說，「族群」通常是一群人在遭受了共同傷害和破壞後所形成的，或者是以某群人被視為值得悲慟（因此必須延續）、而另一群人則不值得悲慟（正因已經逝去，更易於摧毀，或暴露於破壞的力量下），來做為區分方式。

關於社會紐帶，以及可悲慟性的不平等族群人口統計（demographics）上的探討，看起來似乎與一開始支持暴力或非暴力的辯論無關。然而，關鍵是所有這些討論，都先預設了什麼才算是暴力，因為在這類論述中，暴力總是被詮釋過的。這些論述同時也預設了對個人主義、社會關係性、相互依存性、人口統計和平等的觀點。暴力摧毀了什麼？我們又應以什麼立場，舉著非暴力的旗幟去反對暴力？欲探究這些問題，我們就必須根據其所破壞的生存條件（condition of life），替暴力行為（以及暴力機構、結構、系統）做出定位。如果對生存條件和宜居條件，以及兩者的相對差異缺乏了解，我們便無法得知暴力所產生的破壞，也就不知道為什麼我們該關心。

第三，如華特・班雅明（Walter Benjamin）在他一九二〇年發布的論文〈暴力批判〉（*Critique of Violence*）中清楚論述的，將暴力合理化的辯護方式已經普遍被工具主義的邏輯所支配[13]。在這篇深奧的論文中，他所提出的第一個問題便

13 Walter Benjamin, "Critique of Violence," in Marcus Bullock and Michael Jennings, eds., *Walter Benjamin: Selected Writings, Volume 1: 1913–1926*, Cambridge, MA : Havard University Press, 2004 ; Walter Benjamin, *Zur Kritik der Gewalt und Andera Aufsätze*, Frankfurt: Edition Suhrkamp, 1965.

是：為什麼工具主義的框架成了思考暴力的一種必要方式？與其探究暴力的終點，何不換個方向，從其本質質疑：是什麼賦予了「工具主義」這種將手段與目的區分的框架，在暴力辯論中的正當性？事實上，班雅明的觀點稍有不同：如果我們只是一昧地在「合理與否」的框架中思考暴力的本質，不就事先預設暴力現象的存在了嗎？他的分析不僅點出了工具主義框架限定現象的方式，更引出了以下問題：**對暴力與非暴力的思維方式是否可以超越工具主義？我們又如何藉此引申出新的可能性，來對倫理與政治場域進行批判性思考？**

班雅明的文本激起了不少讀者的焦慮感，準確地說是因為他們不想就此罷手，停止對如何合理化暴力的問題進行質疑。他們或許是擔心若將這個問題擱置在一旁，那麼所有暴力恐將被合理化。然而，這樣一來又把結論導回到合理化的策略上，並使我們無法理解那些透過質疑工具主義邏輯而產生的可能性。雖然班雅明並沒有對這樣的反思提出什麼解答，但他對手段／目的這一框架的質疑，讓我們得以跳脫「技術」（*technē*）的術語層面來進行辯論。對於那些聲稱暴力僅做為暫時性策略或手段的人，接下來的問題或許會使他們站不住腳：如果工具可以反過來利用他們的使用者，而暴力又是一種工具，豈不是意味暴力也會利用其使用者？在任何人開始使用暴力以前，暴力早已做為一種工具在世上運行了：單憑這個事實，既無法合理化、也無法忽視暴力的使用。然而，最重要的應該是：暴力做為一種工具，早已成了一種實踐的一部分，預設了一個有利於使用暴力的世界，透過使用這個工具，我們建造或重建了一種特定的世界，活化了這個沉積已久的歷史用途[14]。當任何人犯下暴行，便會在這些行動之中、或通過這些行動，建立一個更暴力的世界。暴力乍看之下似乎只是一種工具、一種技術，好像目標實現後就能拋棄，實際上它卻是一項實踐：一種在自我實現的那一刻，便會設立一種目的的手段，也就是說，在實現這個手段的過程中，就預設並展現了這個目的。這樣的過程是無法在工具主義框架中被領略的。就算拚命努力去把暴力限制在「手段」而非「目的」的用途，做為一種手段的暴力，在實現過程中，可能一不留意就變成了自身的目的，產生新的暴力、然後再度催生暴力，重啟暴力許可

14 See my "Protest, Violent, Nonviolent," *Public Books*, October 13, 2017, publicbooks.org。

證，然後再允許更多暴力行為。暴力在終結一切後，並不會因此就氣數耗盡，反之，它將超越意圖與工具性策略，朝著新的方向再生。換句話說，認為暴力應能做為一種手段以達成非暴力目標的人，並沒有設想到暴力實踐會以暴力本身做為終結。「技術」被「實踐」所破壞，使用暴力只會使世界變成更暴力的地方。雅克・德希達（Jacques Derrida）對班雅明觀點的解讀，側重於正義凌駕於法律之上的方式[15]。然而，神聖的暴力行為有可能因此產生出超越法律的治理術，進而引發何謂「正當性」的詮釋性辯論嗎？我們又如何從合理性的論述框架，來局部定義所謂的「暴力」？這個問題將會於本書第三章〈非暴力的倫理與政治〉中探討。

在本書中，我希望挑戰一些關於非暴力的主要預設：第一，非暴力如今不應被理解成個人在可能的行動場域中所採取的一種道德取向，而應被視為社會與政治實踐的雙軌並進，最終形成了對系統性破壞的反抗形式，並致力於打造一個能體現經濟、社會和政治自由與平等理想的全球相互依存關係的世界。第二，非暴

15 Jacques Derrida, "Force of Law: The 'Mystical Foundation of Authority'," in *Acts of Religion*, ed. Gil Anidjar, New York: Routledge, 2010.

力不一定從靈魂中和平或平靜的部分產生。很多時候，非暴力是種憤怒、憤慨和攻擊性（aggression）的表達[16]。儘管有些人會將攻擊性與暴力混為一談，然而本書的核心論述，便是去彰顯非暴力形式的反抗，事實上能夠、甚至必須透過攻擊性的追求來達成。因此，「攻擊性的非暴力實踐」一詞並非矛盾。聖雄甘地（Mahatma Gandhi）堅信「靈魂力量」（又作「*saty-agraha*」）便是一種非暴力的力量，他用這個詞彙替非暴力的實踐與政治命名，當中蘊含了「對真理的堅持……使信徒有了無與倫比的力量武裝自身。」要想了解這股力量，不單是減少使用肢體力量就能達到，還要將「靈魂力量」以具身化形式表達。比如在政治力量前「跛行」（going limp）的實踐，一方面是一種被動姿態，另一方面被視為

16 見聖雄甘地於一九二〇年，即他入獄前兩年時，在疾病調查委員會面前為非暴力不合作運動（Satyagraha Movement）所做的辯護：「非暴力不合作運動與消極抵抗南轅北轍。後者被視為一種屬於弱者的武器，且不排斥為了達到自身目的，而使用武力或暴力；而前者被認為是最強大的武器，排除了任何樣貌或形式的暴力。」見 Mahatma Gandhi, *Selected Political Writings*, ed. Dennis Dalton, Hackett Publishing, 1996, 6。馬丁·路德·金恩將非暴力描繪為一種因對未來抱有堅定信念，而採取的一種「方法」、「武器」和「抵抗」模式，見 Martin Luther King, Jr., "Stride Toward Freedom"。受到甘地的影響，金恩也汲取了盧梭「公民不服從」（Civil Disobedience）的精神。另見 Leela Fernandes, "Beyond Retribution: The Transformative Possibilities of Nonviolence," *Transforming Feminist Practice*, San Francisco, CA: Aunt Lute Press, 2003.

一種消極抵抗的傳統；同時，這也是一種蓄意將身體暴露在警察權力之下，藉此進入暴力的場域，以將身體化為堅定且具身化的政治行動者（political agency）。的確，在這過程必須飽受折磨，但目的是為了改變自身與社會現實。第三，非暴力是一種理想，並不總是能透過實踐兌現。當非暴力抵抗者將身體置於外部力量之下，便產生肢體接觸，並在過程中展現出力量與力量的抗衡。非暴力並不意味著沒有力量或攻擊性存在。它可以說是一種倫理風格的體現，充滿肢體語言和不作為的模式，將自身化作一種阻礙，用身體的堅韌性和其本體感覺對象的場域（proprioceptive object field），去阻擋、或使暴力偏離運行軌道。舉例來說，當人們用身體形成人牆，不禁令人困惑這樣的行為應該算是阻擋暴力，抑或是參與其中[17]？在此重申，我們有義務去謹慎思考力量運行的軌跡，並且釐清身體力量（body force）與暴力兩者之間在操作上的區分。有時候，阻礙看似**就是**一種暴

17 見 Başak Ertür, "Barricades: Resources and Residues of Resistance," in Judith Butler, Zeynep Gambetti, and Leticia Sabsay, eds., *Vulnerability in Resistance*, Durham, NC: Duke University Press, 2016, 97-121。另參見 Banu Bargu, "The Silent Exception: Hunger Striking and Lip-Sewing," *Law, Culture, and the Humanities*, May 2017.

力——畢竟我們的確提到過暴力的阻礙——所以一個值得思考的問題就是：身體的反抗行動是否會涉及心理狀態的臨界點？在這個點上，反抗的力量將轉變成暴行，或釀成嶄新的不公作為。即便可能存在曖昧空間，我們也不該因此摒棄這種實踐的價值。第四，任何一種非暴力實踐，都需要協調倫理與政治間根本性的曖昧之處，也就是說「非暴力」不是一個絕對的鐵則，而是持續鬥爭的代名詞。

既然非暴力看似處在「弱勢」地位，我們應該問的是：何謂「力量」？難道在大多數時候，行使暴力、或懷有使用暴力的意願，就等同於力量的展現嗎？若非暴力的力量從被公認的「弱者」身上湧現，或許這就是弱者特有的力量，其涵括了社會與政治權力，以替那些在概念上被棄如敝屣的人建立存在，替那些可有可無的人創造可悲慟性與價值，以及當「暴力」一詞在當代媒體與公共政策中，經常性地被用令人困惑和極具策略性的詞彙來命名或誤名時，堅守裁判和正義的可能性。

事實上，反對者在政治中的付出與批評，往往會被感到其威脅的國家當權者貼上「暴力」的標籤，但也不用因此對語言的使用感到灰心。這僅表示我們應該擴大與精煉政治詞彙，以便談論暴力與對暴力的反抗，並思考詞彙是如何遭到扭曲，以用來保護暴力政權免於批評和反對。當批判現存的殖民暴力被視為暴力（如巴勒斯坦）、當和平請願被塑造成戰爭行為（如土耳其）、當爭取平等與自由被視為對國家安全的暴力威脅（如「黑人的命也是命」運動），或當「性別」被描繪成危及家庭的核武工廠（如「反性別意識形態」〔anti-gender ideology〕）時，我們便置身於一種政治上接續不斷的幻象（phantasmagoria）之中。要揭露這些詭計與策略，我們必須要在以正當防衛之名行偏執與仇恨之實的層面上，追蹤暴力被再造的方式。

非暴力並不是行動上的失敗，而是一種證明生命的身體主張，一種存在宣言，一種通過社群網路、紮營抗議、集會方式，並以話語、肢體動作與行動所建構的宣言，所有這一切都是為了重拾生命的價值，使之值得被悲慟，特別是當這些生命被從視野中被消除、或陷入不可逆的瀕危狀態的時候。當這些瀕危族群將性命暴露在那威脅他們生命的力量之下，他們正採取一種持久戰的形式，盼能擊退暴權所引向的一個目標——套句法農所說的：將生存在邊緣的人視為可有可無，把他們推出邊緣之外，進入非存在（non-being）的區域。當非暴力運動在激進的平等主義理想下運作時，便等於是把使生命賦有價值與可悲慟性的主張做為引領社會的理想，這種理想做為一種非暴力的倫理與政治，從根本上超脫了個人主義的遺緒。它為社會自由開闢了全新的探討，而這種自由一部分是由構成我們的相互依存性所定義。在這樣的鬥爭中，對平等主義的想像是不可或缺的——它使我們認知到存在於所有生命紐帶中的各種潛在破壞。從這種意義上而言，對他者的暴力就是對自身的暴力，當我們意識到暴力對生命相互依存性的侵犯，正是對我們的社會世界之侵犯的事實後，一切便不證自明了。

【第一章】

非暴力、可悲慟性及對個人主義的批判

讓我們先從非暴力在暴力的力量場域（force field）中，被化作一項倫理命題的意義談起。將非暴力描述為一種「抵抗的實踐」應該恰當不過了，這種實踐若非必然，至少也很可能發生於暴力被合理化、變得明目張膽的當下。在這種情況下，這種實踐能夠制止暴行或暴力，但也展現了持續性的行為特質，有時甚至會走向激進。因此，我主張不該把非暴力視為一種暴力的從缺、或是對施暴的制約行動，而是應將之視為一種持續的作為，甚至是一種為了保障平等和自由的理想目標，而採取的繞行式攻擊（rerouting aggression）。我的這項主張就如愛因斯坦所說的「戰鬥性的和平主義」（militant pacifism）一樣，可以被理解成一種攻擊性的非暴力行為，其中涉及對攻擊性與暴力之關係的重新思考，畢竟這兩者不盡相同[1]。我的第二項主張是：若缺乏對平等的承諾，非暴力的意義便蕩然無存。對平等的承諾之所以會成為非暴力的必要構成，可以從以下情境中反思：在世上，有些生命顯然比其他生命更有價值，而這樣的不平等意味著特定人的生命比

1 參見 Mary Whiton Calkins, “Militant Pacifism,” *International Journal of Ethics* 28:1, 1917.

其他人更值得拚死捍衛。如果有人反對對人類、甚至對其他生物犯下暴行，是因為假定生命都同樣珍貴。我們的反抗肯定了那些生命的價值。如果他們註定要因暴力而逝去，這些逝去之所以**被視為逝去**，純粹因為這些生命被認為也擁有生命價值，也因此，我們值得為失去他們悲慟。

然而，正如我們所知，並不是每個生命都被賦予平等的價值，有些人被傷害或殺害的故事往往不會被完整記錄。主要的原因之一，就是因為他們被認為不具有悲慟價值，即他們是不值得為之悲慟的。箇中緣由各式各樣，包括了種族歧視、仇外心理、恐同與跨性別恐懼、厭女，還有對窮人與被剝奪者的系統性忽視。每一天我們都會發現，不論在封閉的國界、在地中海，或在貧窮、飢餓與健康問題充斥的國家，許多無名之人被置於死地而不顧的情形反覆上演。如今若我們想要在我們所生活的這個世界中探究非暴力的真諦，就必須明白所欲反抗之暴力的形態，而身處在這個世代的我們，也需要回歸一系列最根本的問題：是什麼讓生命變得有價值？是什麼原因使生命被賦予不平等的價值？而我們要如何著手制定一個平等主義的想像，並將其化作非暴力實踐中的一環——成為一種既警世、又帶有希望的反抗實踐？

在這一章中，我將著重在個人主義的問題，藉此凸顯出社會紐帶與相互依存性兩者，對於理解非個人主義的平等觀之重要性。同時我也會嘗試連結相互依存性與非暴力。接下來的章節裡，我會從道德哲學的資源展開探討，以發展非暴力的反思性實踐（reflective practice），我也會提出應將社會所灌輸的幻想，納入非暴力的道德論證之中，此乃由於我們並不總能分辨出我們在值得珍視的生命、和相對或絕對沒有價值的生命間，所做出的人口分析假設（demographic assumption）。第二章中會從康德（Immanuel Kant）、佛洛伊德（Sigmund Freud）談至梅蘭妮・克萊恩（Melanie Klein）。在第三章，我會從當代種族主義與社會政策的形式切入，探討非暴力的倫理與政治，並藉法農之言，提供我們一種方法去解讀種族幻象（racial phantasm），以及當中所蘊含之生命政治的倫理層面，此外我也會引班雅明對開放性的「解決衝突的民事技術」（英：civil technique of conflict resolution，德：*Technik ziviler Übereinkunft*）的觀點，來擴展我們的思路，探索如何在不以暴力做為目的的情況下，找出在衝突關係之中的生存法則。最後，我將主張在相互依存的基礎下，攻擊行為是構成社會紐帶的元素之一，但其會以不同方式被形塑，最終將影響如何反抗暴力的呈現方式，以及在嶄新未來中對社會平等的想像。想像力——以及可供想像的對象——在此扮演不可或缺的角色，因為從倫理層面上，我們有義務、也需要受到激發，去突破當前種種可能性在思考上的現實極限。

某些歷史上的自由主義政治思想，會向我們灌輸一個信念，即人類是從自然狀態進入了社會與政治的世界。在自然狀態中，基於某種原因，我們打從一開始就是個體（individual），並已身處於與他人的衝突之中。我們無法理解自己是如何被個體化，也沒有人能明白告訴我們，為什麼是「衝突」首當其衝地存在於我們充沛的情感關係中，而不是「依賴」或「依戀」？霍布斯觀點（The Hobbesian view）在形塑我們對政治契約的認知上極具影響力，這個觀點向我們指出：一個個體總是會貪圖另一個個體所擁有的，也會出現兩個個體間都想在同一個疆域劃地為王的情形，還有為了成就一己之私而相互爭鬥的，或是試圖要將個人權利建立於資產、自然和社會支配權之上的。事實上，誠如盧梭所明言，所謂自然狀態，一直以來都是種虛構（fiction），然而這種虛構卻具有強大力量，這種想像的模式在馬克思所說的「政治經濟學」（political economy）條件下被化為可能。自然狀態在許多層面上都能發揮作用，舉例來說：它為我們創造了一個反事實的狀態，使我們得以藉此評估當代的狀況。此外，它像科幻小說一樣能提供我們另一種觀點，使人覺察到當今政治組織、時空、激情與利益之中所蘊藏的特殊性和偶然性。文學評論家尚・斯塔洛賓斯基（Jean Starobinski）續寫了盧梭的觀點，認為自然狀態提供了一種想像的框架：在這個場景中只存在一個個體，他自給自足，不求依賴，滿足於「自愛」（self-love）之中而不需要任何他人[2]。的確，當沒有其他人存在時，平等的議題也就不復存在了。然而一旦有任何活生生的人類進入了這個場景，平等與衝突的問題便會立即浮現，箇中緣由是什麼？

自然狀態假說把個體視為優先的這一點，在馬克思那裡遭到批判。在他的《一八四四年經濟哲學手稿》（*Economic and Philosophic Manuscripts of 1844*）中，

2 Jean Starobinski, *Jean-Jacques Rousseau: Transparency and Obstruction*, Chicago: University of Chicago Press, 1988.

他嘲諷了「最初，人類就像魯賓遜一樣，獨自一人在島上生活，自給自足，不依賴他人、沒有勞動系統，也沒有任何共同的政治與經濟生活組織」的這種概念。馬克思寫道：「我們別再把自己放到這種虛擬的原始狀態，然後像個政經學者試圖去釐清這一切了。這只會將問題推向一個灰色、曖昧不明的地帶……我們應從當前的政治經濟學事實出發。」[3]馬克思誤以為自己能夠擺脫虛構成分，僅專注於眼前事實，然而他所做的政治經濟學批判，亦是從那些極度虛構的角度中發展而出的。即便未能反映現實，若我們能夠讀懂這些虛構，它們將以我們無法達到的方法，替當今的現實做出註解。進入虛構的設定，是為了讓人能辨明結構，然也是為了探問：當身在其中，我們能夠和不能夠進行什麼樣的思考？可以做出什麼想像？要使用的語彙又是什麼？

舉例來說，魯賓遜做為一個孤獨且自給自足的人物，說到底也是一位成年人和男性，可說是首次以「自然人」（natural man）身分登場的人物，而他的自給

3 Karl Marx, *Writings of the Young Marx on Philosophy and Society*, eds. Lloyd Easton and Kurt Guddat, Garden City, NY: Anchor Books, 1967, 288–9.

自足，最終也因對社會與經濟生活的需求而遭到中斷了，但這種需求並不是自然狀態下的產物。無疑地，當他人也進入了這個場景，衝突就產生了——或是說，故事便展開了。因此，從起始（時間思維）和本源（本體論思維）角度上，個體會因追求私利，產生衝撞與爭執，然唯有在具有規範的社會中，衝突才會被仲裁，畢竟在進入社會契約之前，每個個體所想的，想必只有追求與滿足一己需求，不會顧及對他人的影響，也別期望他們會設法解決相互競爭和欲望碰撞所產生的問題。因此，根據這個假設情況，契約的出現是解決衝突的一種手段。每個個體都必須抑制自身欲望，對自身消耗、奪取、行動的能力做出限制，生活於具有普遍約束力的法律之下。對霍布斯而言，法律因此成為了一種限制人性的「共同力量」（common power）。自然狀態並不能稱得上是一種理想，霍布斯也並不主張「回歸」自然狀態（盧梭有時會提出此主張），他認為如此一來生命必會縮短，因為若沒有共同的政府，也沒有一系列法律約束來抑制人類本身衝突的天性，將會無法管束謀殺的發生。對他而言，自然狀態即是一場戰爭，但和一般國家和現有政權間的戰爭有所不同。相較之下，這樣的戰爭是由一個主權個體（sovereign individual，又譯自主個體）對他者所發動的，可以說是一場個體將自己視作主權者的戰爭。我們無法釐清個體的主權是否被認為是從國家主權分離而來的，也無從得知是誰將自己的主權轉移給了國家、或國家是否早就在這種想像的視域中默默運行著了。對主權的政治神學（political-theological）概念，凌駕且控制了個體的主權地位之興衰，換言之，在這種權力授與中，創造出了「主權主體」（sovereign subject）的形象。

說得更明白些，洛克、盧梭、霍布斯，甚至是霍布斯在《利維坦》（*Leviathan*）書中所各自描述的自然狀態，涵義都大相逕庭，可以說至少有五種不同版本[4]。自然狀態能用來假設社會尚未形成前的那段時間；能用以描述被視作前現代（premodern）的外國文明；能為內亂的成因提供政治心理學上的解釋；能對十

4 根據格雷戈里·薩德勒（Gregory Sadler）所述，存在著一種「修辭性構成，會將『自然狀態』視為一種針對所有人的戰爭，缺乏任何文明與公民社會的制度；在政治社會之前，存在於歷史上的『自然狀態』中，家庭、侍從、氏族或部落結構都相互衝突；在公民社會中所建立而存在歷史上的『自然狀態』中，儘管法律被制定和執行，但公民彼此之間仍然處於不信任狀態，對犯罪行為戒慎恐懼；存在於歷史上的自然狀態管轄了外交關係，也就是國與國間的關係狀況；存在且潛在於歷史上的『自然狀態』在內戰中達到高潮，隨著派系化導致公民社會崩潰。」Gregory Sadler, "Five States of Nature in Hobbes's Leviathan," *Oxford Philosopher*, March 2016.

七世紀時歐洲的政治權力動力學（political power dynamics）做出描述。我並不打算在此進行學術上的評論，但我仍想就自然狀態何以成為特定想像發生之場合做出一些思考，如果自然狀態既不只是幻想，也非盧梭所謂的純虛構（a pure fiction），那麼它的核心關懷便是暴力衝突及其解決方法[5]。如此，我們不禁要問：在什麼歷史條件下，這樣的虛構和幻想會發生？這些虛構與幻想，往往在社會衝突或歷史後果的情境中，變得可能且具有說服力；這些虛構與幻想，可能意味著想逃離由資本主義工作組織所帶來的折磨的盼想，或反之也能做為支持這種組織的理由。這些想像闡述並評論了國家透過權力及暴力手段培養或遏制民眾意志的論點；這些想像也從我們對民粹主義（populism）的認知中浮現，也就是將民眾意志想像為一種無法約束的形式，或一種對既定結構的反抗；這些想像編寫並複製了統治與剝削的形式，導致一系列階級、宗教或種族團體間的相互抵制，儼然把「部落主義」（tribalism）看成了一種原始或自然的狀態一般，他們會甚

5 Jean-Jacques Rousseau, *The Political Writings of Jean-Jacques Rousseau*, ed. C. E. Vaughan, Cambridge, UK: Cambridge University Press, 1915, 286.

囂塵上、引爆戰火，除非國家行使權力予以壓制——亦即，國家行使暴力，包括被法律所容許的暴力。

在本書中，我們會對「幻想」（fantasy）與「幻象」（phantasy）進行區分，前者被理解為一種可以獨享或共享、有意識的願望；後者被視為一種無意識的維度，且在往往在需要被詮釋的語法（syntax）中運作。一般而言，白日夢可以盤旋於有意識與無意識的邊界之上，然而「幻象」一語，從一九四八年首次被蘇珊・伊薩克（Susan Isaacs）提出，到被克萊恩詳加闡釋以來，往往涵括了對象（objects）之間一系列複雜的無意識關係。無意識的幻想被視作拉岡學派對想像界（imaginary）概念的一項基礎，將成形的無意識傾向指派為一種圖像，會將我們撕裂，或拉扯至不同的方向，並會朝自戀防衛（narcissistic defenses）的反方向而行。在尚・拉普朗虛（Jean Laplanche）的理論中，幻想的定義略有分歧，並分化成兩個方向：首先，這是一種「主體做為主角的想像場景，通過防禦過程（defensive processes），以或輕或重扭曲的方式來實現願望（根據上述分析，屬於一種無意識的願望）」[6]；第二，在他對「幻想」（*Fantasme*）的論述中，他清楚地表示幻想並不代表將想像與現實區隔開來，反而是一種結構化的心理狀態，「現實」在這個狀態中總是被詮釋的。因此，他用「原始幻象」（original fantasy，佛洛伊德稱之為「*Urphantasien*」）的概念，提出了一種對精神分析學說的重新表述，在這套表述中建構了感知（perceiving）的模式，並依據其自身的語法規則來進行操作。因此，原始幻象以一種場景的形式出現，而場景中安插了許多任由欲望與攻擊性推力所擺布的演員。上述第二種概念能幫助我們理解在「自然狀態」中發生的事物，不應該僅僅被視為一種虛構或幻想，而是一種由眾多封閉性決定因子所建構出的幻象場景。在後續論述中，我將保留「幻想」一詞，用以描述大部分被我視作暴力與防衛的場景，但對於克萊恩而言，「幻象」一詞具有鮮明的無意識維度，我在此只保留其寫法。我會使用「幻象的」（phantasmatic）與「幻象式的」（phantasmagoric）二語，去探討存在於社會分享、傳染性的

6 Jean Laplanche and J.-B. Pontalis, *The Language of Psycho-Analysis*, New York: W. W. Norton, 1967, 314。

（communicable）、無意識與有意識幻想之間的各種交互作用，而無意識與有意識幻想會以場景的形式出現，但並不以集體無意識（collective unconscious）做為其出現的前提。

當我們了解自然狀態是一種虛構，更正確地說是一種幻象（我們接下來會談到，這兩者並不相同），那麼它所表現或闡述的是哪些願望或欲望？我主張這些願望既不單單屬於個人，也不屬於一種自主的精神生活，而是和這些討論發生的社會與經濟條件背景有著重要關聯。這種關聯可以做為借鏡、評論、理由，甚至是一種不帶情感的批判。所謂的根源或初始狀態，都是事後追溯的想像，因此被視為是從早已建構的社會世界中發展所致的結果。然而，人們始終渴望追本溯源，預設出一個想像的起源來解釋這個世界，或者用以逃避世界帶給人的痛苦和疏離感。若我們認真地將**無意識的幻象形式**，視作人類精神生活與社會世界產生聯繫的**根基**，這種思路就很容易將我們引上精神分析之道。這當然是可能的，但我並不希望以現實取代幻想，而是希望學會讀懂這種幻想，以對那些在歷史上攸關生死存亡的權力與暴力組織之結構和動力學，提出關鍵性的見解。的確，靠我自己很難針對社會生活初始之「沒有需求的人」（man without need）這一概念提出什麼重要論辯，我僅能透過猜測來琢磨：一切不是由我開始，我只是被引領至這種術語和論述中，社會的語法可以說是通過各種想像（imaginary）而形成的。

這種自然狀態幻想有一個相當鮮明的特點（又被視為「基礎」），即其預設了在一切的開始，必定會有一個男性，成年且獨立、自給自足。因此我們會發現，這樣的故事並不是真的從起源開始，而是從一段**並不**打算述說的歷史中間展開：在故事的開場，或者說從被標誌為開場的那一刻起，許多設定——例如性別——便早已被決定了。獨立性與依賴性兩者被標舉出來，男性和女性的分野也部分地通過依賴性關係的分布而被判定。主要且創始的人物都是男性，觀者無須感到驚訝，男性特質是由「依賴性的從缺」所定義（這早已不足為奇了，但某種程度上還是十分讓人驚訝）。而有趣的是，不論對於霍布斯或馬克思而言，人類打從一開始就都是一個成人了。

換言之，第一個以人類身分被介紹登場、以人類形態於世界現身的個體，似乎都被預設為「非孩童」，彷彿他從來不曾為了生存、成長，甚至（可能）因學習而得到供給，亦從未依賴過雙親、親族關係或社會機構。這個個體早已被預設了性別，但這種預設與社會任務（social assignment）無關，反之，該角色之所以是男性，乃因他是一個**個體**——在這個場景中，個體的社會形態是男性化的。有鑑於此，如果我們希望了解這種幻想，便必須找出這個人類角色，以及他所展現的性別是哪一種版本、需要符合什麼樣的條件才會展現？「依賴性」的設定在男性的初始形象中可說是被完全排除的，從某種意義上說，這個男性從一開始，就早已、且一直都十分正直、能幹、不假他人幫助、不用透過攙扶他人來穩固自身、在還未能自行進食時也完全不用被餵食、從來不須被裹在毛毯中取暖[7]。而這名幸運兒在自由主義理論家的想像中，就這樣長成了一個健全的成年人，不依賴任何關係，但具備了憤怒與欲望的能力，時而也會有幸福或自給自足的時刻，但取決於他是否能搶先他人一步，獨自佔據這個自然世界。我們是否應該假設在這個敘述場景出現之前，曾經有過過一次大滅絕，才替這個場景拉開序幕，使其他人

7 見 Adriana Cavarero, *Inclinations: A Critique of Rectitude*, Stanford, CA: Stanford University Press, 2016。

在一開始就被排除、否定了？這是否可稱得上是種初始的暴力（inaugural violence）？這種狀態並不是一塊「白板」（拉丁文：*tabula rasa*），而是一塊被「擦乾抹淨的石板」，就如同所謂自然狀態的史前歷史。自然狀態其中一個最有影響力的定義便是：在社會經濟生活之前的一段史前歷史、一場在這段史前歷史之前所發生的改變性大滅絕，這也代表了我們並不只是在闡述一個幻想，而是賦予這個幻想一段歷史——也可以說，是闡述一場沒有留下任何痕跡的謀殺。

正如許多女權主義理論家所爭論的，社會契約早就已是一種**性別契約**[8]。然而，即使在女人進入這個場景之前，也只有一個男性個體存在。女性存在於場景中的某處，只是尚未被以人物的形式介紹出場。我們甚至無法就她在這個場景中呈現的形象做出什麼批評，因為她根本無從呈現。一場驅離早已悄悄上演，而那名成年男性，則獨自佇立在一片空曠之中。他被假定為會產生對女性的渴望，但這種異性戀的設定也不會使他產生依賴性，且基於一種對自身養成過程的人為性

8 Carole Pateman, *The Sexual Contract*, Stanford, CA: Stanford University Press, 1988。欲參見更多相關論述："The Sexual Contract Thirty Years On," *Feminist Legal Studies* 26:1, 2018, 93–104。

失憶。他在與他人相遇之時，最先理解到的是一種衝突性的關係。

為什麼我們要花精力去討論這個在政治學中影響深遠的幻象場景理論？說到底，我的主題應該是非暴力的倫理與政治。其實我並沒有打算對衝突關係中的主角一議進行反駁。事實上，我主張「衝突」的確是所有社會紐帶中潛在的一環，霍布斯也並非全盤皆錯。實際上，佛洛伊德引述了霍布斯的理論，來挑戰聖經中主張要尊敬鄰居，且不能覬覦他人之妻的戒條。佛洛伊德提出疑問：為什麼我們並未將仇恨和敵意視為比「愛」更基本的情感？我的論述是：若要將非暴力理解為一種倫理和政治的立場，就不能壓抑攻擊的傾向或無視現實，相反地，正是在破壞有可能、或注定要發生時，非暴力概念的重要性便會浮現出來。當破壞成了欲望的標靶但仍受到約束，是什麼造成了那些約束、並對其施加了限制與轉移？它從何而來、又為何能佔領並維持主導地位？有些人會說這種制約是一種自我檢視（self-checking）的形式——也就是說，是超我（super-ego）抑制了攻擊傾向的外顯，「超我」甚至被視為就是一種將攻擊傾向吸收至心靈空間（architecture of the psyche）的過程。超我的機制是一種道德主義，在這種道德主義之中，攻擊傾向仍不斷朝自我釋放，在這種加劇的雙重反抗之下，具有「自我否定」（self-negation）遞歸結構的精神生活被壓垮了。在事態發展過程中，對暴力的譴責成為了一種全新形式的暴力。另外有些人會主張：這些約束只能依靠外部，由法律、政府，甚至警察來執行，這是非常典型的霍布斯觀點。這種觀點認為：國家的力量對於遏止肆無忌憚者心中潛在且致命的怒火，有絕對的重要性。也有些人主張：每個人心裡都有一塊平靜或和平的角落，我們必須培養讓自身一直處於這個區域的能力，透過宗教、倫理實踐或儀式，來遏制攻擊與破壞的渴望。然而，就像我先前所言，愛因斯坦是「戰鬥性的和平主義」的擁護者，而或許現在我們已能對何謂非暴力的攻擊性形式展開討論。要了解這點，我建議先從非暴力的倫理思考開始，其預設了一種依賴性與相互依存性的形式，該形式無法被控制、或者會成為衝突與攻擊的源頭。其次，應該思考的是，我們對平等的認知是如何與非暴力的倫理與政治產生連結。要使這種連結具有意義，必須要基於政治平等的理念，認同每個生命都具有同等的可悲慟性。一旦脫離了對個人主義的預設，我們就能更加瞭解「攻擊性的非暴力」的可能性：一種在衝突中產生、在暴力的力量場域（force field）中生根（take hold）的力量。這樣的平等不再只存在於個體之間，而是一種對個人主義展開批評後，才首次變得可思考的概念。

依賴性與義務

讓我們來到下一個故事，這個故事是這樣的：每個個體都是從個體化的過程中產生，沒有人一生下來就是個體。隨著時間推移，有人成為了個體，但他或她在這個演變過程中，仍脫離不了最根本的依賴性狀態。這個狀態不會隨著時間消失。不論我們現今的政治觀點為何，我們最初都是從這種根本的依賴性狀態中誕生。我們以成年人的角度再來回顧這個狀態時，可能會感到有點受辱、警惕，甚至我們可能會拒絕承認它。有些人堅決認為自己是自給自足的個體，他們或許無法相信自己曾經無法自行進食、無法靠自己站立的事實，因而倍感冒犯。然而，我想表達的是：事實上沒有人是只靠自己就能站立的，嚴格地說，也沒有人能自己餵養自己。殘疾研究告訴我們，要能在路上行走，必須要有人行道才能實現這個行動，特別是對於那些仰賴輪椅和輔助工具的人[9]。但人行道就如同交通號誌、路邊停車標誌一般，是一種輔助工具。且不單只有身障者需要這些輔助來移動、進食、甚至呼吸。這些看似基本的人類能力，往往也受到各種各樣的方式輔助。若不是世界供給了我們一個專為「通行」而打造的環境，並為我們準備與分配糧食，食物便不會進入我們的口中，我們也無人能移動、呼吸或覓食了，也才有可能大口地呼吸空氣。

依賴性大致可以定義為一種對於社會、物質結構與環境的依賴，後者同樣地使我們可以在這個世界安生。暫且撇開我們對精神分析的各種爭辯——包括什麼是精神分析的理論和實踐——不談，或許我們可以說：我們並未克服嬰兒時期的依賴性，即使我們已是成人。這不代表成人和嬰兒表現依賴的方式是一樣的，我們只是成為了一種對「自給自足」一詞充滿想像的生物，最終卻只在生命的推移

9 見 Jos Boys, ed., *Disability, Space, Architecture: A Reader*, New York: Routledge, 2017.

中，不斷發現自我形象遭受破壞。這當然是拉岡學派（Lacanian）的一種典型立場，亦即其著名的「鏡像階段」（mirror stage）：當一個男孩看著鏡中站著的自己，興奮地以為自己能夠自行站立時，從我們的角度觀之，會發現其實他的母親或學步裝置（*trotte-bebe*）正在悄悄地支撐著他，而他還沾沾自喜地以為是憑一己之力做到的[10]。或許我們可以說：自由的個人主義（liberal individualism）的這種初始的自負感，也是鏡像階段的一環。為了使「自給自足」的幻想根深蒂固地存在，使故事亙古不變地以成年男性來做為開端，必須推翻哪些支持、哪些依賴性？

這個場景背後的寓意無疑在於：男性在此被視為一種幻象式的自給自足者，反之女性則被視為支持的供給者，而這樣的供給又往往遭受否定。這個畫面和故事把我們限制在一種幾乎完全不適用的性別關係經濟學之中。異性戀成了一種預設框架，這是源自母子的理論，但母子理論只是孩童照顧關係的其中一種想像罷了。這種帶有性別色彩的家庭結構被視為理所當然，其中包括了母親無聲付出的

10 Jacques Lacan, "The Mirror Stage as Formative of the 'I' Function," in *Écrits*, trans. Bruce Fink, New York and London: Norton, 2006, 75–81.

勞動、以及始終從缺的父親角色。如果我們接受這種象徵性的事物結構，而不是僅僅將其視作一種特定想像，就意味著我們接受了這種運作法則只能被漸進而緩慢地改變。這一理論描述了幻想、不對稱性，以及性別的勞動分工，最終則將自行複製並再度驗證自身概念，除非我們找到一個解決辦法，或者我們著手探究這個場景的過去與外部——即「在開始之前的那一刻」究竟有些什麼。

現在，讓我們轉而探討相互依存性，並釐清它是如何改變了我們對脆弱性、衝突、成人時期、社會性、暴力與政治的理解。我之所以提出這個問題，是因為若從政治與經濟的層面來看，全球相互依存性這一事實是被否定、或者是被利用的。不可諱言地，全球各地的企業廣告中，都在慶祝世界變得全球化，但企業擴張的這種概念只體現出了全球化的部分涵義。國家主權可能正被削弱，但是隨之崛起的民族主義又支撐起這種框架[11]。因此，很難說服一些政府，例如美國，去相信全球暖化對於宜居的未來而言是種真實的威脅，因為這些政府握有權力去擴

11 Wendy Brown, *Walled States: Waning Sovereignty*, New York: Zone Books, 2010.

張製造業與市場、剝削自然資源、獲取利益、在國家財富和權力擴展之中維持中心角色。他們或許壓根沒有想到他們的作為可能會對世界各地造成影響，而在那些地區中所發生的大小事，又會影響這個我們賴以生存的環境是否能夠永續的可能性。又或者，他們其實知道自己身處這個全球性破壞活動的中心，而在他們眼中，這可能也代表了一種權利、一種力量、一種特權，因此他們不願做出任何妥協。

為居住在這個世界上的所有人類、動物奉獻的這種全球義務（global obligations）概念，和個人主義所談的新自由主義式奉獻相去甚遠，而這個概念往往因過於天真而遭到否定。在此，我要鼓起勇氣承認我的這種天真、這種幻想——你要說是一種反幻想（counter-fantasy）我也不反對。有些人會用一種難以置信的口氣問我：「你怎麼可能會相信全球義務？實在太天真了。」但當我反問他們是否想生在一個完全沒有人支持全球義務的世界裡，他們通常也都反對。我主張唯有在承認這種相互依存性之後，全球義務的概念才有可能被形塑，包括對移民、羅姆人（Roma）、身處動盪環境中的人，或甚至那些飽受戰爭摧殘的人、受制於制度性和系統性種族主義的人、被謀殺或失蹤，卻從未真正浮上檯面並列入公開記錄的原住民、遭受家暴、公共暴力、職場性騷擾的女性，以及因為性別認同問題而遭受人身傷害、被監禁或判死的人。我同樣也主張：唯有在對相互依存性有更完整的想像後，才能產生全新的平等概念，在這種想像中，一系列的實踐與制度，以及嶄新形式的公民與政治生活也會就此展開。奇怪的是，在這種想像中催生的平等，會促使我們重新反思平等在個體**之中**的意義。無疑地，每個人都想和他人一樣被平等對待。然儘管這種表述十分重要，我們卻無法知道，究竟要通過哪一種關係，才會使社會與政治平等成為可能（我完全支持任何反歧視的法律，請勿誤會）。這類型的平等往往是以個人為分析單位來進行比較。當平等被理解為一種個體的權利（享有被平等對待的權利），它便從我們對他人的社會義務中被區分了出來。要想以我們做為持續的社會存在、社群動物的這種關係為基礎，進而制定出一套平等公式，首先必須做出一個社會宣言——一種對社會的集體宣言，即便我們不要求社會成為我們用來構想平等、自由和正義的框架。無論制定出何種平等宣言，它們都是從人與人**之間**的關係中產生，且是以那些關係與連結的名義出現，而不是個人主體的某種特徵[12]。因此，平等成了一種社會關係的表徵，它的存在仰賴於對相互依存性的論述，且這種論述日益**受到認同**——我們不再把身體視為「單位」，只為了將邊界視為人際關係與社會中的種種困境：這些困境包括了歡樂的來源、對暴力的感受性，對冷熱的敏感，朝食物伸出手的渴望、社會性以及性慾。

我曾經主張「脆弱性」不應該被視為一種主觀狀態，而是一種共享或相互依存生活的特徵[13]。我們並非全然脆弱，但永遠會對特定的情況、人、社會結構，有時是對那些我們依賴或袒露的事物，展示我們的脆弱。或許是因為當我們在面對讓那些造就了我們生命的環境與社會結構時，總是會顯得脆弱，當結構搖搖欲墜，我們也不能倖免。依賴意味著脆弱性：一個人在其依賴的社會結構面前是脆弱的，因此，如果結構崩塌了，他便也處於岌岌可危的狀態之中。如果是這樣，

12 針對關係平等更有力的分析性觀點，見 Elizabeth Anderson, "What Is the Point of Equality?," *Ethics* 109:2, 1999, 287–337.

13 見作者文 "Rethinking Vulnerability and Resistance," in Judith Butler, Zeynep Gambetti, and Leticia Sabsay, eds., *Vulnerability in Resistance*, Durham, NC: Duke University Press, 2016.

我們就不只是在談我個人的脆弱性，而是一種關係特徵，這種關係將我們互相綁定，並將我們與我們賴以為生的一種更龐大的結構與制度聯繫在一起。脆弱性與依賴性並不全然相同。我為了生存，而依賴某人、某事物或某種狀態。然而一旦某人消失、某物被撤走，又或者某種社會制度分崩離析，我便會因為被剝奪、拋棄或遭暴露於難以生存的狀態而感到脆弱。從關係上來理解脆弱性，顯示出我們與使我們可能或不可能生存的境況，是無法全然分割的。換句話說，因為我們無法將自己從這種狀態中解放，所以我們從未真正個體化。

這種觀點所隱含的一項意義在於：將我們彼此聯繫在一起的義務，是源自於相互依存性的狀態，這種狀態讓我們得以生存，卻也可能促成剝削與暴力。生命的政治組織（political organization）自身必須通過政策、制度、公民社會和政府，來認可相互依存性，以及其中所隱含的平等。若我們接受了「全球義務」存在，或必須存在的這項提議——亦即，義務為全球所共享，並應視為一種綁定關係——全球義務不能僅套用於單一民族國家彼此之間。其必須具有「後民族」（post-national）特色，穿梭於邊界之上並學會駕馭詞彙，因為那些生活在邊界上或跨邊界而生的族群（無國籍者、難民等），也包含在全球義務所隱含的更龐大的相互關係的網路之中。

我一直以來所主張和想像的就是，我們的任務不是要克服依賴性而達到自給自足，更是要明白相互依存性是一種平等狀態。這種論述會面臨一項立即且重要的挑戰。畢竟，有些殖民權力的形式，正是以建立被殖民者對殖民者所謂的「依賴性」為目標，這類論述試圖將依賴性視為一種被殖民族群的基本病理特徵[14]。這種依賴性的部署同時也對種族主義和殖民主義做出認證，它將一個族群之所以俯首稱臣，歸因於該族群本身的社會心理特質。而殖民者，如法國突尼斯的小說與散文家艾伯特・梅米（Albert Memmi）所主張的，將自身視為這個場景中的成人，扮演著能使被殖民族群脫離「孩童般」的依賴性、引向啟蒙成人時期的角色[15]。在康德著名的論文〈何謂啟蒙〉中，我們也能看見被殖民者的角色，猶如

14 Nancy Fraser and Linda Gordon, "A Genealogy of Dependency: Tracing a Keyword of the US Welfare State," *Signs* 19:2, 1994, 309–36.

15 Albert Memmi, *La dépendance: Esquisse pour un portrait du dépendant*, Paris: Gallimard, 1979; translated by Phillip A. Facey as *Dependence: A Sketch for a Portrait of the Dependent*, Boston: Beacon Press, 1984.

需要受到監護的孩童。但實際上，殖民者也依賴著被殖民者，當被殖民者拒絕臣服時，殖民者便將面臨喪失殖民權力的威脅。一方面，如果被迫依賴於殖民結構、不公正的國家，或者一場剝削的婚姻，這時戰勝依賴性看起來是件好事。打破這些形式的服從，是解放與宣揚平等和自由進程中的一環。但我們將迎來的是哪一個版本的平等？又是哪個版本的自由？若我們為了戰勝服從與剝削，而將依賴性聯繫給斬斷，是否就代表現在我們乃是重視獨立的價值？的確，是可以這麼說。然而，如果這種獨立性是建立在主宰性之上，進而變成一種斬斷聯繫的方式，將一些我們所重視的相互依存形式都給切割了，那我們該何去何從？如果獨立反而把我們又帶回了個人或國家主權之上，使得我們再也無法想像後主權（post-sovereign）對共存之理解，那我們又回到了先前自給自足的版本，也意味著衝突將永無止境。畢竟，唯有當各個地區與各個半球都重新省思並正視相互依存概念的價值，我們才能真正開始對環境威脅、全球貧民窟問題、系統性種族主義、全球都必須共同擔負責任的無國籍移民者處境、甚至是更徹底地戰勝殖民權力模式等議題展開思考。如此一來，我們也才能對社會團結和非暴力提出另一種觀點。

在這整本書中，我將會在相互依存性的社會層面與精神分析這兩者間不斷切換，為新平等主義想像中的非暴力實踐奠定基礎。這些層面的分析，必須在不將精神分析框架套用於所有社會關係模型的前提下，被好好梳理整齊。然而，對自我心理學（ego psychology）的批判，確實為精神分析賦予了社會意義，使之與對「持續」與「堅持」所進行的更廣泛思考產生關聯——而這正是所有生命政治（biopolitical）概念的核心問題。我對自然狀態假說的反論就是：沒有任何能人靠一己之力維持生命。身體絕非、也從來就不是一種能自存（self-subsisting）的存在，這也說明了為什麼物質的形而上學（將身體視為一種邊界鮮明的延伸狀態之說）從來就不是個適合用來了解何謂身體的框架。身體需被託付給他人才得以延續、在變得有用之前必須被交付於他人之手。形而上學是否有辦法將這個重要的悖論概念化？儘管這聽起來像是人際關係議題，然廣義地說，它也指向了生活中的社會組織。我們從一開始就被託付著——儼然是種既被動又積極的情況。就像孩童初生時，被從某人之手託付給了另一個人。我們從一開始就被一種違反自身意願的方式給處置，一部分也因我們的意願尚在形塑的過程中。即使是嬰孩時期的伊底帕斯（Oedipus），也是被交到牧羊人手上，而牧羊人原本應該要讓他活活死在山坡上的。他的母親將他交給了可以掌握他生死的人，如此行為可以說是致命的。這種違反自身意願的託付，不見得都是美好的場景。嬰兒被從一雙手中交付到另一雙手，按常理而言，照顧者便是那個被託付了照料任務的人，「被託付」就某方面而言，並不是出於當事人的刻意意願或選擇行為。而「照顧」也不見得都是兩方自願，或完全以契約的形式出現：它可以是一種因為某個生物一次又一次的嚎啕大哭與飢餓，所累積而成的崩潰。但此處有個更重大的命題，跳脫了任何特定的母性或照顧之社會組織的說法。我們對支持生命本身的社會和經濟形式長久以來的依賴，並不是使我們成長的原因，依賴性並不會隨著時間推移而轉變成獨立性。當我們頓失依賴、當社會結構崩解或撤出時，生命本身便會搖搖欲墜甚或分崩離析：生命遂變得岌岌可危。特別是在照顧兒童、長者或身障者時，這種長久以來的依賴可能使我們變得更加痛苦，但我們每個人都只能活在這種狀況的制約中。

究竟「被託付」的意義為何？是否意味著我們也是託付的對象？是否當我們

正被託付著的同時，也有人被託付予我們，而其中所蘊含的不對稱性（asymmetry），若以社會關係的角度觀之，會不會反而成了一種互惠（reciprocity）？當世界分崩離析、當我們成了社會意義上「沒有世界」的人，身體便會遭受折磨而陷入瀕危。可以說這種瀕危模式本身、或是其所乘載的，就是一種政治訴求，甚至是一種憤怒的展現。遭受各種折磨或死亡的身體，準確來說也展現了一種瀕危形式，但同時也必須承受不正義的不平等形式所致的折磨。因此，當越來越多人面臨難以生存的瀕危處境，全球義務的議題便隨之而生。當我們質疑為什麼應該在乎那些遠在千里之外飽受折磨的人，這樣的疑問無法從家長式的答辯中找到答案，因為我們都共同生活在這個相互依存的世界中。也就是說我們的命運被交付在彼此的手裡。

也因此，我們必須將一開始所談的魯賓遜形象給摒棄。因為這個具身化主體，其實反而是被「無法自給自足」所定義。而這也提醒了我們，在這個場景之中充斥著渴望、欲望、憤怒、焦慮等情感，特別是當所暴露的狀態變得難以忍受，或是依賴性到了無法控制的地步時。在這種折磨的狀況下憤怒會爆發是可理解的。而在什麼樣的情況下，相互依存性會導致攻擊、衝突、暴力場面的發生？我們要如何解讀社會紐帶所隱含的潛在破壞性？

暴力與非暴力

道德哲學家與神學家問道：有什麼根據能證明殺戮是錯誤的、而阻止殺戮是合理的？通常回答這個問題的方式即是探討這種阻止、訓誡或禁令是否絕對；是否具有神學或其他約定俗成的狀態；這是否是一個法律或道德議題。這個問題也無可避免地牽扯出另一個問題，也就是在有理由傷害或殺戮的情況下，這種阻止是否存在真實的例外？這種爭論傾向去探求有什麼樣的例外存在（如果有的話），以及這種阻止本身「不全然絕對」（less-than-absolute）之特性所蘊含的意義為何。「自我防衛」往往在這個節骨眼上進入了辯論之中。

這種規則上的例外十分重要，且重要性可能超越了規則本身。舉例來說，如果殺人禁令中存在例外，而且**總是**有例外出現，就意味著禁止殺人的禁令本身不全然絕對。這樣的禁令在特定場合中無法為自己辯護、站不住腳，或者自我消解了其約束力。

「自我防衛」是個極為曖昧的詞彙，我們可以從軍國主義模式的外交政策上發現，所有的攻擊都能用自衛來合理化，在當代的美國法律中，現已明文保障了先發制人的殺戮。如此一來，這種防衛機制將能實際上擴及我們所愛的人、孩子、動物，或任何被視為與你親近的人——這些關係廣義來說，也是我們自我的一部分。因此，我們可以進一步追問：是什麼定義並限制了這些關係？要如何以這種方式闡述自我中也能包括某些群體的概念？且為什麼關係往往被理解為生物上的親屬關係、或透過婚姻所形成的連結？在和某人親近者（以保護之名，可能因此犯下暴力、甚至謀殺行為者），以及和某人保持了一段距離者（以某人之名、或為了保護他，而**不去**殺戮者）之間，一種武斷又令人存疑的區別形成了。那麼，哪些人是你「自我」的一部分，而在需要受保衛的「自我」這把保護傘下，又包庇了什麼樣的關係？不論從地理、經濟或文化層面觀之，與其為那些和我們相差甚遠的人挺身而出，在倫理層面上，我們是否更有義務去守護那些跟我們相近的人？

若我保護了我自己，以及那些被視為跟我同族（part of myself）的人（或因足夠親密，為我所認識和喜愛的人），那麼我的這種「自我」的確是關係性的，但這種關係被認為是屬於我的「自我」區域，僅限於那些和我親近或相似的人。為了守護屬於自我的區域或政權，暴力的使用便被正當化了。因此，有些群體被涵蓋進了日益膨脹的自我防衛範圍中，他們值得受到暴力保護，以抵抗來自外界的暴力：換言之，不以暴力待人，就是以暴力待己。而對暴力的阻止也在這種例外中重新登場。我們現在要對其他群體、那些**不屬於**我的自我區域中的人施加阻力，不讓其從事暴力行為。如果沒有採取行動去阻止，我或我們顯然就有理由進行殺戮。

此外，當某人或其所屬的團體為了使「自我」免於暴力侵害，而到了必須採取暴力抵禦的地步時，不僅是給「阻止暴力」帶來了相當大且必然的例外，還使得「阻止暴力的力量」與「被阻止的暴力」兩者間的分野開始崩解。這種阻止上的例外將會引發**戰爭**局勢，在這種局勢中永遠都有理由為了保護自己或我族，以自衛之名行暴力之實，而想保衛不隸屬於這個「自我」的人，則是絕對不被允許的。這也意味著總是會有一些生命是我**不會**去保衛的，也總是會有一群人試圖要對那些與我生命相互交織的人施以暴力，這些人被涵蓋在我的「自我」區域中，並對我有具有倫理上的約束作用。特別是在這樣的時刻，我們再度證明了「阻止暴力」本身是種不全然絕對的概念。而其例外則成了一種潛在的戰爭狀態，或至少在邏輯上包含此種狀態。如果一個人會為了與之親近、有關係的這個人或那個人而殺戮，那他最終是如何去區別親密與不親密？又是在什麼樣的情況下，這種區別被視為是合乎倫理的？

無疑地，國際人權介入主義者（interventionist），包括美國的「自由鷹派」（liberal hawks）會主張：為了全體人類，我們應該隨時準備開戰，特別是像第一次世界大戰時的狀況。但我的主張與此完全不同。事實上，對於非暴力常規之「例外」情形，將會為團體認同形式、甚至民族主義展開鋪陳，如此一來必定導向戰爭邏輯。往往是如此進行的：我願意保衛那些**與我相像**、或廣義來說被認為隸屬於我的「自我」的人，而不會去保衛和我不同的人。這種情況容易轉化成以下主張：我只會保衛和我相似，或被我認可的人，而我也將為了他們**去抵抗**那些我不認識、以及和我沒有關係的人。透過這些例子，我想提出的問題就是：是否有某種規範，能夠被援引來區分那些值得被拯救生命的人，以及那些生命不值得拯救或捍衛的人？從「阻止暴力」的例外狀況隱然可見，有一群人被認為值得免受暴力侵害；但反之，對於不屬於這一群的人，人們則會為了一己之利，援引非暴力原則，拒絕介入其中。

雖然聽起來有點厭世，但這種觀點凸顯了我們的某些道德原則，很可能已經受到其他政治利益和框架的影響這一事實。對於哪些族群才值得以暴力捍衛的這種區別，暗示了有些生命就是被認為比其他人更有價值。有鑑於此，我想主張的是：辨別存在於非暴力原則中的例外，也是一種區分族群的手段，包括哪些人是還**不須**為之悲慟的、或不夠格為之悲慟的；又哪些人**是**可悲慟的、哪些人的死亡是無論如何都需要被極力阻止的。

因此，如果我們對非暴力原則做出例外，就意味著我們已經為戰鬥、傷害、甚至謀殺做好了準備，而且我們會為這些行為給出道德理由。依照這種邏輯，一個人做出這樣的行為，要不是出於自衛，不然就是為了捍衛那些隸屬於廣義「自我」範疇中的人——那些可以被認同的人、或被認為是構成了自己所屬的那個更廣泛的自我社會或政治領域中的一分子。此外，假設後者的主張（為了那些與我共享社會認同、或為我所愛且在某方面形塑了我的那些人，我樂意去傷害或殺戮）為真，從這種人口統計（demography）的基礎上，便催生出了一套針對暴力的道德辯護。

人口統計在這場關於阻止暴力之例外的道德論辯中，扮演了什麼樣的角色？簡單地說，最初用以理解非暴力的道德框架，反而衍生出另一種問題——一種政治問題。例如，我們所援引以區分哪些生命值得捍衛、哪些可以棄之不顧的規範，乃是屬於更廣大的生命力量（biopower）運作中的一環，其以不公正的方式，劃分了可悲慟與不可悲慟的生命。

然而，若我們接受了每個生命都同樣值得悲慟的這個想法，那麼我們應該正確地去組織政治世界，使這個原則得到經濟與制度上的認證，如此我們便能進一步得出不同的結論，並可能發掘出探討非暴力問題的另一種方式。畢竟，若生命從一開始就被視為是可悲慟的，那麼即便不惜採取一切預防措施，我們也會保護和捍衛生命免於傷害及破壞。換句話說，我們所謂「可悲慟性的根本平等」，或許可以被理解為在人口統計前提上，一種不存在例外的非暴力倫理。我的意思並非每個人都不應捍衛自身，也不是說「介入」在任何情況下都沒有必要。因為非暴力不是一個絕對原則，而是針對暴力與其反作用力所進行的開放式鬥爭（open-ended struggle）。

我希望在此提出：一種徹底的**平等主義的守護生命方式**，會把激進民主的角度納入如何最好地實踐非暴力的倫理考量中。在這種想像裡，我們將以一種實驗方式看待世界，即值得守護的生命與可悲慟的生命之間是不存在區別的。可悲慟性統領（govern）著處置生物的方式，它被證明是生命政治和省思生物間的平等方式中不可或缺的維度。我進一步的主張是：支持平等的論點直接地涉及了非暴力的倫理和政治。非暴力實踐很可能包含了對殺戮的禁令，但不能單單以禁令將其簡化。舉例來說，對反墮胎（pro-life）立場的回應往往會先爭論生命的平等價值，並指出這種「反墮胎」的立場其實導致了性別**不平等**，雖然它賦予了胚胎生命權，卻以平等自由之名扼殺了女性對自己的人生所做出的合法宣言。這種反墮胎的立場和社會平等是不兼容的，甚至強化了可悲慟與不可悲慟間的區別。再一次地，女性成了不可悲慟的一群。

如果我們的倫理與政治實踐，仍受個體生活模式與決策、或反映我們身為個體之角色的德性倫理學所限制，我們恐將失去眼前這個體現了平等價值的社會和經濟相互依存的版本。最終，我們將暴露於潛在的拋棄或毀滅之中，但這也勾勒出了必須制止這些後果的倫理義務。

這樣的框架意味著我們的思考會發生何種改變？不論是否被明確地主題化，大部分的暴力形式都會促成不平等。不管在什麼場合，使用暴力與否的決定框架，都對那些將被施暴者做出了許多假設。舉例來說，如果說不出、或不清楚哪些生物不該被殺死，就不可能遵守對暴力的禁令。如果某個人、某個團體或某個共同體，並不被視為是活著、是有生命的，那又該如何理解禁止殺戮的命令？我們可以合理地假設：只有那些被視為活著的人，才能透過禁止暴力，被有效地命名和保護。但接下來的第二點也是必要的：如果對殺戮的阻止，是基於每條生命都是珍貴的這種假設——他們是做為生物、而具有**身為生命**的價值——這種普世性的主張，只有在這種價值被延伸至所有生物時才能成立。這意味著我們不能只設想到人，還有動物；不只是生物，還有生命的過程、系統和形態。

此外還有第三點：生命必定是可悲慟的——也就是說，其逝去必須要能**做為一種逝去**而被概念化——如此一來，生命才能被涵括在對暴露與破壞的阻止中，免於暴力的侵害。有些生命比其他人更值得悲慟的這種狀態，意味了平等狀態的永不可及。而其後果便是諸如：對殺戮的限制，將只適用於那些可悲慟的生命之上，而不是那些被視為不可悲慟者（那些被認為早已逝去，因此從未真正活過的人）。如此看來，如果非暴力倫理預設並認證了生命具有平等價值，就必須著手解決可悲慟性的差異分布。因此，可悲慟性的這種不平等分布或許可以做為我們的一種理解框架，探討在不平等的結構，或在否認暴力（violent disavowal）的結構之中，人類和其他生物的製造差異。若主張將平等正式地擴展到所有人，便是迴避了人類如何被製造（produce）的根本問題，或者說，誰被製造成了公認有價值的人，而誰不是。為了使平等具有概念上的意義，它必須在形式上擴及涵蓋全人類，但即便到了那時，我們也還是會對誰屬於人類類別、誰只能被部分涵蓋、或誰須被排除在外進行假設；包括誰是真正活著、誰已部分死亡；誰的生命在逝去後將會被悲慟、而誰的生命不會，因為他們實際上已經社會性死亡（socially dead）了。有鑑於此，我們不能以人類做為分析的基礎，也不能將自然狀態視為根基：「人類」是一種歷史上的可變概念，會因處於社會和政治權力不平等形式的背景，而有差異化的描述；人類的範圍由基礎的排外所構成，且受到那些不被涵括在內者所侵擾。實際上，我想對可悲慟性的不平等分布，是何以進入並扭曲我們對暴力和非暴力的思索這一點提出疑問。有人或許會以為，對可悲慟性的思考僅侷限於那些死去的人，但我要反駁這一點，可悲慟性早已在真實生活中上演，並成為了一種生物特徵，在不同的價值體系中為生命定價，而這將直接攸關他們是否會受到公正且公平的對待。要具有可悲慟性，意味著你必須意識到自己的生命是重要的，而你的生命逝去將會造成影響，你的身體因為值得活著、生長而被好好對待，且必須盡量減少瀕危的可能，並為此提供能夠使你生機蓬勃的條件。平等的可悲慟性的設想，不只是一種別人用來向你打個招呼的信念或態度，而是建構健康、糧食、居住、就業、性生活和公民生活等社會組織的一項原則。

為了主張暴力做為各種相互依存關係的一種潛在特徵，以及社會依存性做為一種社會紐帶的構成特徵，永遠都會以種含糊不清的形式存在，我認同衝突會持續地潛伏著，且一直到最後一刻都無法克服。我對於主張衝突是所謂「社會紐帶」中的固有特徵（好像這就是唯一的特徵一樣），而不從特定社會關係中去考慮這一點的論述方式並無興趣，我們能夠、也應該探討的，是存在於那些關係中的矛盾狀態，特別是當那些關係涉及了依賴性——或相互依存性。我們或許有各種各樣思考社會關係的方式，但只要它們具有相互依存的特色，在我看來，就有可能進一步探究其中的**矛盾**和**排斥**，它們不僅僅是不由自主的心理現實（psychic reality），更是一種**社會關係的心理特徵**，具有能理解關係框架中暴力問題的含義，也因此這兩者的合流稱為「心理社會」（psycho-social）[16]。當然，這並不意

16 見 Stephen Frosh, ed., *Psychosocial Imaginaries*, London: Palgrave, 2015.

味我們只能用這種方法思考暴力，這也不見得就是最好的方式。存在言語、行動、法律、和制度性暴力中的差異，都尚需要被釐清。我在這個章節中所下的賭注是，我們可能會對人口統計的假設是如何影響了暴力辯論產生一些見解，尤其是當它們採取幻象的運作形式時，便會激發和破壞我們在思索合理與不合理情況中的暴力時，所進行的努力[17]。

我想嘗試說明「平等性」（如今也包含了平等的可悲慟性）是如何與相互依存性產生關聯，並進一步闡述戰鬥性的非暴力實踐為何有其必要，以及該如何實踐。**平等主義的方法之於生命價值**之所以分外重要，原因在於其借鏡了激進民主的理想，同時也針對如何最好地實踐非暴力的問題進行了倫理考量。暴力根深蒂

17 在全文中，我遵循克萊恩式的區分幻想之做法，即把幻想視為一種有意識的狀態，類似於願望或白日夢，而幻象則被理解為一種無意識的活動，通過投射和內向投射（introjection）來進行，其模糊了從主體內部產生的影響與對象世界間的界線。雖然我不打算嚴守克萊恩的說法，但我的確想以種族幻象為例來指出：無論它看起來多麼有意識，往往卻是由無意識的情感轉換機制所維持，而這樣的情感游移於自我與他人之間。儘管我認為意識和無意識精神生活之間並無嚴格區分，但我確實堅信社會力量（如種族主義）可以以無意識的方式形塑主體，建立根深蒂固而致命的思維模式。更詳細的討論，請見本書54頁。

固的生命並不會被禁令所擊垮，唯有透過反制度的風氣和實踐才能達到[18]。

相互依存性永遠伴隨著破壞性問題，而破壞性又是所有生命關係的一種潛在構成。然而，有關暴力與拋棄的社會組織之議題，橫跨於主權和生命政治權力運作之上，構成了我們必須反思非暴力行為的當代視野。我們一直在強調的重點是：如果這種實踐受限於個人主義的生活模式或決策，我們便無法正確認識純粹訴說平等關係特性的相互依存性，以及社會關係所構成的潛在破壞。

這也將引出最後一個重點：非暴力的倫理立場，勢必要與對根本平等的承諾存在相互連動的關係。更確切地說，非暴力實踐必須伴隨著對種族主義、戰爭邏輯之生命政治形式的反對，有鑑於種族主義和戰爭邏輯會規律地區分值得保護和不值得保護的生命——比如哪些族群被視為附帶的損害，或是政治與軍事目標的阻礙。再者，我們必須思考，策略性的戰爭邏輯是何以進入對人口的生命政治管

18 見 Marc Crepon, *Murderous Consent*, trans. Michael Loriaux and Jacob Levi, New York: Fordham University Press, 2019；另見 Adriana Cavarero and Angelo Scola, *Thou Shalt Not Kill: A Political and Theological Dialogue*, trans. Margaret Adams Groesbeck and Adam Sitze, New York: Fordham University Press, 2015.

理之中的：一旦移民到來，他們將摧毀我們、或摧毀我們的文化，甚至會摧毀整個歐洲或大英帝國。正是這樣的信念允許了對族群的暴力破壞——或者讓他們慢慢等死的拘禁營——某些族群被幻象式地解讀為破壞之源。依照這種戰爭邏輯，這是一場在難民的生命、與主張自己有權抵禦難民的那些生命之間所做出的抉擇。面對這種情況，一種偏執與種族主義的自我防衛說詞，將會容許另一個族群被合法摧毀。

因此，非暴力的倫理與政治實踐不能僅依賴二元對立，也不能依賴加強禁令，而是需要對生命政治形式的種族主義與戰爭邏輯做出政治反對，這種生命政治形式採用幻象式的倒置，來掩蓋社會紐帶中連結與相互依賴的特質。它也需要說明為什麼、以及在何種情況下，用以理解暴力與非暴力、或暴力與自我捍衛的框架似乎會相互介入，使得確立詞意的過程往往是一團混亂。**和平**請願為何被冠上「暴力」的形容？形成人牆阻擋警察的舉動為何被視為「暴力」侵略？在什麼情況和框架中，會發生暴力與非暴力的翻轉？若沒有首先對暴力與非暴力做出詮釋，非暴力便無法實踐，尤其是在一個暴力逐漸以安全性、民族主義和新法西斯主義之名合理化的世界裡。國家透過將批評者冠上「暴力」之名，來壟斷暴力一詞的使用權：我們可以從馬克斯・韋伯（Max Weber）、安東尼奧・葛蘭西（Antonio Gramsci）和班雅明的理論中得知這一點[19]。因此，我們應該當心那些主張暴力對於抑制或遏止暴力有其必要的人，以及那些讚揚法律力量（包括警察和監獄）是一種終極仲裁的人。反對暴力意味著必須了解：暴力並不是永遠以毆打（blow）的形式呈現，其運作上所依據的制度形式，促使我們去問：哪些人的生命才被視為生命，哪些人的逝去會被註記為逝去？人口統計的想像是如何在倫理、政策與政治之中運行？如果我們在無法確定暴力的視野之下運作，當中生命早在被殺害前就已經被從生命的領域消除，如此一來我們將無法思考、理解或採

19 韋伯將國家定義為「一個在給定領土內（成功地）壟斷對物理力量之合理使用的人類共同體」。Max Weber, "Politics as a Vocation," in *From Max Weber: Essays in Sociology*, trans. H. H. Gerth and C. Wright Mills, Oxford, UK: Oxford University Press, 1946, 78。要對暴力和壓迫進行更徹底的分析，就必須考慮葛蘭西的觀點，即階級霸權是通過「壓迫」來維持的，這種壓迫能在沒有明顯物理外力威脅的情況下運作。例如，在他的《獄中筆記》中，他提及為了加速對新運作模式的適應所需具備的條件，並論述：「壓力施加於整個社會領域之上，這種清教徒意識形態的發展，為本質的野蠻壓迫做出外部形式的說服與同意。」Antonio Gramsci, *Prison Notebooks, Volume One*, trans. Anthony Buttigieg, New York: Columbia University Press, 1992, 138.

取行動，以將政治場域納入倫理——換言之，我們便無法了解全球範圍內的關係義務的主張為何。在某種意義上，我們必須突破這種破壞性想像的視野，在這樣的想像中，不平等和生命的抹殺時時刻刻都在上演。我們必須與那些致力於破壞的人進行鬥爭，但切勿重蹈破壞之覆徹。了解要如何鬥爭是一門任務，也是一種非暴力倫理與政治的束縛（bind）。

換句話說，我們並不需要一套對自然狀態的新表述，但**確實需要**一套取而代之的感知狀態，以及另一種想像，能將我們抽離於既存的政治現狀。這種想像將幫助我們找到一種倫理與政治場域中的生活方式，在這種生活中，攻擊性和悲傷不會立即轉化為暴力；在這種生活中，即使我們對社會紐帶從未有過選擇權，但我們也許能夠忍受來自這些紐帶的困境和敵意。我們不用因為有義務建立一個所有生命都可持續的世界而彼此相愛。延續生命的權利只會是一種社會權利，是一種我們對彼此肩負社會和全球義務的主觀實例。在相互依存之下，我們的生命延續是關係性的、脆弱的，有時充滿衝突、難以忍受，有時充滿狂喜與歡愉。許多人認為非暴力主張不切實際，但或許只是他們過度著迷於現實。當我反問他們：

難道你願意生活在一個沒有人為非暴力爭辯、沒有人堅持其可能性的世界？這時他們也總是說不。所謂不可能的世界，是存在於我們當前思維範圍之外的世界——這種世界既不是可怕的戰爭視域，也不是完美和平的理想。這種世界是一場開放式的鬥爭，為了使我們的社會紐帶得以延續，必須去反抗可能將其撕裂的潛在力量。這個世界對我們戰勝破壞的能力做出了最大的肯定。這是一種對生命的肯定，與你和你所生活的領域緊密相連，也是一種伴隨了潛在破壞及其反作用力的肯定。

【第二章】

為他者續命

我在此提出一個相對簡單的問題，我們可能會不假思索地把這個問題歸類於道德心理學或道德哲學：是什麼使得我們任何一個人產生「守護他者性命」的理想？當然，關於延續生命的辯論，現在也包含了醫學倫理之探討，包括生育自由、生育技術，以及醫療、執法和監獄的相關倫理。雖然我不會深入探討那些論辯，但我希望我所主張的理念會對我們往後進入這些辯論時有所幫助。而我更想達到的，毋寧是點出關於我們應在何時何地守護生命之論辯的一項特徵，即我們無可避免地會對「何謂生命」做出假設。這些假設不只包含生命起迄的時間與地點，還可能在另一個名冊上，決定**誰的生命**能夠算數。

因此，當我們問道：「為什麼我們要試圖去守護他人性命？」這個問題時，我們問的可能是：是什麼啟發了我們這麼做？又或者是什麼**合理化**了這類行為？——更正確地說，是什麼給「拒絕或無法守護生命」扣上了不合乎道德的帽子？第一個問題涉及心理層面，確切地說，是屬於道德心理學。第二個問題則隸屬於道德哲學或倫理的範疇，且有時必須依賴道德心理學才能自圓其說。然而，這些問題是否又與社會理論與政治哲學領域有所重疊？

這在很大程度上取決於我們提出問題的方式，以及問題背後所做的假設是什麼。舉例來說，如果我們針對一個單獨的他者（a singular other person）提問，情況便會有所不同：是什麼使得我們任何一人試圖去守護這個他者的生命？這樣的問題不同於詢問我們是否要守護我們所強烈認同的某些特定團體的生命、那些我們認為深陷暴力或破壞危險中的脆弱團體的生命、或所有活著的生命。「守護特定他者」的問題假定了一種二元關係：我可能認識你，也可能不認識你，但無論如何，我都可能在特定情況下，替你抵禦或阻止會對你生命造成威脅的危險與破壞力量。我該如何做、又為何這麼做？是什麼合理化了我最終採取的行動？這些問題似乎同時屬於道德哲學與道德心理學，不見得非得窮盡任何一邊的極限。而就為什麼我們試圖保護特定團體的生命——是什麼合理化這種行為——提出疑問，便是假定了所謂「生命政治」的考量。我們不僅必須考慮什麼才算生命，還要考慮誰的生命值得存續。在特定情況下，人們有理由去質問誰的命**才算生命**，即便這種表述似乎基於套套邏輯（tautology）之上：如果有個不夠格被視為生命的生命，難道能說這不是一條生命嗎？

我會在下一章回頭探討生命政治的問題。目前，我們先回到剛開始的第一個問題：是什麼使得我們任何一個人試圖去守護他者性命？這個問題在某種形式上，不僅針對個人，還攸關制度安排、經濟系統與政府形式：什麼樣的結構和制度，適合用來維繫族群生命、甚至每一個族群的生命？我們將轉向精神分析的角度，去探究**不**去殺人、以及去保護一個人，其背後的立場為何。我們沒必要去探討個體與群眾心理學之間的關係，因為兩者早已無可避免地重疊，甚至連我們自身極度單一且主觀的矛盾，都會使我們深陷更廣闊的政治世界。「我」與「你」、「他們」與「你們」全都相互牽連，而這種牽連不單是邏輯上的，它更是做為一種矛盾的社會紐帶而存在，這種紐帶會不斷提出去協調攻擊傾向的倫理要求。因此，當我們以非批判性的角度使用「我」、或其實是「我們」一詞來著手進行道德探究時，我們便排除了先前與此相關的另一個探究，即思考單一和複數的主體，是如何在試圖通過道德反思去協調關係的過程中，被形塑且抗衡（contested）著。

這又衍伸出了另一個家長主義式的問題：誰屬於「守護」的一方，而誰被想像成生命「須受守護」的一方？「我們」的生命不也需要被守護嗎？提問者的生命與被問者的生命是否相同？對於我們之中那些提出問題的人，我們是否也覺得自己的生命值得受到守護？如果是的話，誰又負責守護他們？還是我們自認我們的生命有價值、並預設我們的生命會被竭盡全力守護，所以「我們」才會針對沒有生活在這種預設之中的「他者」提出這種問題？「我們」真的可以與那些我們試圖去守護的「他者」切割嗎？如果「我們」是試圖去解決問題者，而「他者」則是討論中的受惠者，那麼我們是否就假設了在那些握有或被賦予力量去守護生命者（或者說，他們在尋求那早就在守護我們生命的力量）、與那些生命岌岌可危而未受到守護，且其生存只能仰仗某種反抗力量者（也就是說，他們的生命受到某種不論蓄意與否的暴力形式所摧殘）之間，存在絕對的、也可說是家長式的一種分野？

這種事確實會發生在例如「弱勢團體」被確立之後。一方面，「弱勢團體」

或「弱勢團體」這種話語對女性主義人權工作與關懷倫理都至關重要[1]。當一個團體被冠上「脆弱」的形容，他們便處於了一種可以提出保護要求的狀態。隨之而起的問題就是：這個訴求要向誰訴說、而哪個團體又負有保護弱勢的責任？另一方面，那些被指派要對弱勢團體負責者，他們的「脆弱性」是否也隨著這樣的指派行動而被剝奪了？無疑地，我們的重點就是凸顯脆弱性的不平等分布，但若是這種指派悄悄地區分了弱勢團體與非弱勢團體，並賦予非弱勢團體去保護弱勢的義務，這種表述就會衍伸出兩個有問題的假設：第一，它假設了團體間早已有脆弱與否的構成區別；第二，在相互社會義務的需求最為迫切的時刻，它卻趁機強化了家長式的權力形式。

1 見 Martha Fineman, "The Vulnerable Subject: Anchoring Equality in the Human Condition," *Yale Journal of Law and Feminism* 20:1, 2008；以及 Lourdes Peroni and Alexandra Timmer, "Vulnerable Groups: The Promise of an Emerging Concept in European Human Rights Convention Law," *International Journal of Constitutional Law* 11:4, 2013, 1056–85。也可參見 Joan C. Tronto, *Moral Boundaries: A Political Argument for an Ethic of Care*, New York: Routledge, 1994; Tronto, *Caring Democracy: Markets, Equality, Justice*, New York: New York University Press, 2013; Daniel Engster, "Care Ethics, Dependency, and Vulnerability," *Ethics and Social Welfare* 13:2, 2019; 以及 Fabienne Brugère, *Care Ethics: The Introduction of Care as Political Category*, Leuveb: Peeters, 2019.

在我們之中，那些認為自己有義務去對維繫、甚至對保衛生命的道德主張做出回應者，可能會發現自己在服膺一種社會階級制度，基於檯面上的的道德理由，在弱勢團體和家長式強權間做出區分。的確，我們可以說這種區分在描述層面上並無差錯，但是當它成為道德反思的基礎時，社會階級制度就順勢地在道德層面被合理化，此處的道德論證與對平等狀態的理想規範背道而馳，這種理想原本是共享、互惠的。如果脆弱性的政治，最終反而強化了當初亟需瓦解的階級制度，即使不全然自我違背，但也將落得一種十分尷尬的處境。

我首先要針對守護特定或複數的他者生命的心理動機提出疑問，並試圖表明除了這個問題本身以外，還可能會涉及人口統計學差異和家長式權力之倫理騙術。然而到目前為止，我的問題還沒有對許多關鍵詞進行深入探討，例如「生命」、「生者」（the living），「守護與保衛」的涵義，以及這些詞語是否可以視為一種相互行動，即那些守護他人生命的人，其本身的生命也可能需要被守護。除此之外，他們潛在所共享的脆弱性及其暴露之境況、其中隱含的義務，以及所需的各種社會和政治組織的意義等，都需要被深究。

我提出這個問題，旨在尋求一種能保護生命免受破壞模式影響的可能性，其中也包括了我們自己所釋放的破壞。我在此下的賭注是，我們不僅要想方設法來守護那些我們有力量去毀滅的生命，而且要將守護這些生命的目的銘記於心，為他們組織基礎設施（當然，有些基礎設施正是以不守護生命為目的，因此僅靠基礎設施是不足以守護生命的）。我不僅要探討我們做為道德責任主體，採取或拒絕做出**什麼**行動來守護某個生命、或一系列的生命，也要探討**如何**構建一個世界，當中將會複製和強化那些守護生命的基礎條件。從某種意義上說，我們的確建立了這樣的世界。但是從另一個意義上而言，我們卻會發現自己已經進入了一個過去從未親身建造過的生物圈（biosphere）與人造世界。再者，誠如我們對日益嚴峻的氣候變遷議題之理解，環境是人類介入的結果，它承載著我們自身的破壞力，破壞了人類與其他非人生命的宜居條件。也因此，針對人類中心（anthropocentric）的個人主義所進行的批判，會對平等主義想像中非暴力思潮的發展蘊含重要意義。

不論我們如何理解非暴力思潮，它與道德哲學和道德心理學都不相同，儘管道德探究使我們進入了一個開放式的精神分析與政治場域。當我們欲以道德心理學做為出發點，正如佛洛伊德在考慮破壞性和侵略性之根源時所做的那樣，我們的推論唯有從基本的政治結構出發才有意義，包括我們對於為什麼所有社會紐帶中都承襲了破壞潛力一問，所做出的各項假設。當然，只有從特定的歷史角度觀之，生命才會以這種方式、或另一種方式出現。其所獲得和失去的價值，取決於當下以何種框架進行思考，這並不代表任何給定的框架都能全權決定生命價值。私底下用來衡量生命價值的不同估價方案，往往以生命是否被視為可悲慟做為根據；有些達到了標誌性的層面——它毫無懸念、明顯是一條可悲慟的生命，然而另一些則幾乎不著痕跡——被視為完全不可悲慟的生命，是沒有損失的損失。還有其他芸芸眾生，其價值在某個框架之內嶄露頭角，在另一個框架內卻消逝無蹤，換句話說，他們的價值充其量只是在閃爍。或許有人會說：可悲慟性是一個連續的過程，但是這種框架並不能使我們了解為何一條生命可能在某個社群內被積極地哀悼，同時在另一個重要國家或國際框架內，卻完全沒有註記——也不須被提起。這種情形天天都在上演。這也是為什麼發起悼念的共同體會抗議，抗議那些剝奪人命者、以及生活在這樣一個世界中的人們，都把這些生命視為不值得為之悲慟的，即使在這世界中，這些生命一直在消逝，這似乎就是事態發展的必然。這也是哀悼為何能做為抗議的原因之一，當生命的逝去尚未得到公眾的承認和悼念，這兩者就必須結合起來。哀悼的抗議——我們可以借鏡黑衣婦女（Women in Black）[2]、阿根廷非政府組織五月廣場祖母協會（Abuelas de Plaza de Mayo）[3]、或阿尤茲納帕市四十三學生（the Ayotzinapa forty-three）的親友的例子[4]——為生命不該就這樣草草逝去，而做出這一切是值得悲慟的宣言，並且早該在任何傷害發生之前就被這麼認為。這種抗議訴諸法醫證據來確定死亡的故事，以及誰應為此負責。若無法找出暴力死亡的背後緣由，將使一切變得不可悲慟。即使生命的逝去是已知的，但若缺乏關於死亡如何發生的過程，便無法完整記錄這一損害。在這樣的狀況下，死者便仍是不可悲慟的。

2 編註：二〇一六年的波蘭女權運動事件，十二位婦女身穿黑衣合照，表示支持女權運動，卻因此引發激烈抨擊與對她們的個人打壓。

3 編註：此協會旨在尋找於阿根廷軍政府獨裁統治時「被失蹤」的兒孫，由失蹤者的母親、祖母和妻子組成。

4 見 Christy Thornton, "Chasing the Murderers of Ayotzinapa's 43," *NACLA*, September 17, 2018, nacla.org.

本書所欲達成的一項期望標準，便是能在制定可悲慟性根本平等的政治想像這方面有所貢獻。這不單單只是說我們有權利去悼念死者，或死者有權利被悼念——這點毫無懸念是正確的，但卻沒有掌握我想表達的精髓。由後天賦予的悲慟價值，和個人生命本身就擁有可悲慟的特質，兩者間是有差異的。後者帶入了條件式時態：**只要**那些具有可悲慟性的人逝去了，他們**就會被**悼念；而那些不可悲慟者，就是那些逝去悄無聲息，或幾乎不留痕跡的一群。因此，如果我想呼籲的是「所有**本就**可悲慟之人的根本平等」（the radical equality of all those who *are* grievable），我就不可能去討論可悲慟性的差異分配方式，而正是這種分配使某些人無法晉升至可悲慟的層級、不被視為值得悼念的生命。誠如我們會談論商品或資源分配的不平等問題一樣，我相信我們也可以去探討可悲慟性分配的根本性不平等。這並不意味著有一個權力中心存在，會根據運算進行分配，而是意味著這種計算會悄悄滲透權力體制。儘管有些人會以為我想呼籲大家要為他人的死亡而哭泣，並且對我們要如何為完全不認識的人悲慟心存疑惑，但我想主張的是悲慟能有各種形式，甚至可以與個人無關，當逝去者與我們並不親密、當他與我們有段距離、或當這種逝去甚至是「無名」的時候。若說一條生命是可悲慟的，就表示不論在生命逝去之前、或即將逝去的情況下，其逝去本身都值得被悲慟。生命的價值與死亡緊密相關。若把他人的可悲慟性納入對他人的倫理責任（ethical bearing）中一併考慮，就會使一個人對待他人的方式產生改變。如果某個人的逝去被視為逝去，那麼他的逝去將被記錄與悲慟，且如果害怕他逝去，就會為了預防傷害或破壞，而設法去維繫和保護他的生命，我們所擁有的這些珍惜與守護生命的能力，一直以來都取決於對可悲慟性的感受——一條有著無限潛力的生命，若是不幸英年早殤或逝去，必然會被悲慟。

以上我所描述的情況，似乎都把問題置於二元結構的倫理關係。我視你為可悲慟且脆弱的人，而你可能也是以同樣的眼光看我。然而，問題不止於這種二元關係，還需要對社會政策、體制和政治生活的組織進行反思。事實上，如果制度是按照可悲慟性的根本平等原則所架構，那將意味著從這些制度條件中孕育出的每一條生命都值得守護，其逝去將會被記載與悲嘆，不只是針對某一條生命，而是每一條生命。我主張如此一來，將會影響我們如何去看待健康照護、監禁、戰爭、職業和公民身分的方式，上述這些因素都會對族群間的可悲慟性做出區分。

關於「生命」還有一些棘手問題要解決，生命是從何開始的？當我在談論「生者」，我心中想到的又是哪種生物，他們是否屬於人類？當中是否也包含了胚胎，所以不太適合以「他們」來稱呼？又昆蟲、動物或其他活著的有機體——這些生命形式難道不值得維繫，以防遭受破壞嗎？它們是否是不同的存在，抑或我們所指的是一種生命過程或關係？那麼湖泊、冰河或樹木呢？它們當然可以被哀悼，而其做為一種物質現實，也可以導引出（conduct）哀悼的工作[5]。

在此似乎值得重申的一點是，我所闡述的倫理與特定的政治想像有關，這是一種平等主義的想像，而它需要一種推測性（conjectural）的進行方式、一種有條件的實驗方式：只有那些失去後會被悲慟的生命，才能稱得上是可悲慟的生命，也因此這些生命被積極且結構性地保護，免於暴力與破壞侵害。第二個條件的文法使用形式，可以用來做為測試實驗的方法，設想了一旦每條生命都被視作

5　見凱倫・巴拉德（Karen Barad）對哀悼的探討：Karen Barad, “Troubling Time/s and Ecologies of Nothingness: Re-turning, Re-membering, and Facing the Incalculable,” *New Formations* 92, 2017.

可悲慟後，所會發生的情況；它將向我們展示在我們思考誰的生命至關重要、誰的無關緊要，或誰的生命更值得守護、而誰的沒有意義的這種過程中，一種烏托邦式的視野是如何被開展的。換句話說，它使我們將倫理思想嵌入平等主義的想像中。這種對生命的想像成為了這種反思中的重要構成，甚至是實踐非暴力的一項條件。

在大多數情況下，當我們面臨哪些生命應該受到保護的道德困境時，我們會提出假設，然後通過設想各種情景來檢驗它們。如果我是康德主義者，我可能會問：若我以某種方式行事，我是否可以在不矛盾的情況下，要求每個人都以相同的方式行事，或者至少按照相同的道德準則行事？對於康德而言，問題在於一個人是否會處於矛盾，或是能按照自身意志合理地行事。他提出了消極和積極的表述：「除非我有意願使我的準則成為普遍法則，否則我絕不該行動」[6]；以及「要

6 Immanuel Kant, *The Moral Law: Groundwork of the Metaphysic of Morals*, trans. H. J. Paton, New York: Routledge, 1991, 73.

始終遵循你願意它同時被做為普遍法則的準則來行事」[7]。他以為了使自己擺脫困境所做出的虛假承諾（false promise）為例。這看起來似乎行不通，因為「我立即意識到我確實可以意欲撒謊，但我絕不會意欲撒謊成為普遍法則[8]」。他主張他者將「像償還硬幣一樣回報我」（pay me back in like a coin），而「當準則成了普遍法則的那刻，本身便被終止了」[9]。由於我單純不喜歡被騙，我的意志不允許我將虛假承諾合理地視為普世實踐。然而，如果要試圖理解任何容許撒謊的準則中的矛盾性，我就必須去想像這種可能性。

對於結果論者來說，去想像生活在每個人都將按照你選擇的方式行事的世界這一誡命，會導致一個結論，即某些實踐是完全站不住腳的，不是因為它們非理性，而是因為它們會釀成我們所不樂見的必然損害。在這兩種情況中，我都主張潛在的行動假設是相互的：一個人的行為會以想像形式在另一個人的行為中重新

7　同上，頁116。
8　同上，頁75。
9　同上。

出現；一個人可能會對我採取行動，一如我也會對他採取行動，而有鑑於那些破壞性的可能，所有後果都是不被接受的。（對康德而言，這會對理性造成損害，儘管並非所有道德哲學家都會如此假設）。更大的問題是：人們是否想生活在這樣一個世界，在這個世界中，當我做出一系列暴力行為時，其他人的舉止也與我如出一轍。再次地，我們可以得到的結論是：我不可能在自己身上意欲我所不會在他人身上意欲的東西，這是非理性的。另外一個可能的結論是：如果別人按照我提議的方式行事，那麼世界對他們而言就不會是宜居的，而我們即是在對宜居性的界線製作索引（index）。

無論在哪一個道德實驗中，人們都將自己的行動想像成別人的行動，而潛在的破壞性行為可能被轉向或互換（reciprocate）。這種想像很艱難且令人不安，因為我被迫要脫離自己的行動。而我想像的行動已經不再是我想像自己去做的行動了，即使它隱含了一部分的我。然而，我已經將這個想像分配給可能是某一個人、或無數個某人，因此我已和這一行動本身拉開了一大步。當該行動再次以另一個人的行動之樣貌回歸時，會使我印象深刻，但我並不會太驚訝，因為我打從一開始就將自己超脫於行動之外，並將其分配給了所有人。如果這個行動就存在那兒，屬於任何人而不屬於我自己，那麼這個行動最終該算是誰的？也因此，妄想症發作了。我的假設是：這種想像形式會與精神分析相互匯流，對幻想（fantasy）做出重要解釋：一個人的行動會以另一個人的行動形式回歸自身。這種行動可能是一種重複（duplicate），或者在攻擊性的情況下，會被視為是由對方發動、並衝著自己而來的。在迫害妄想的場景下，自己的攻擊被想像為透過外部人物回歸自身，造就一個不宜居的處境。若我們問：道德哲學中所想像的互換行為（如果別人像我那樣行事的話）與幻想中所發生的轉向（透過外部形式對我發動的攻擊是出自誰——這也可能是我自己的攻擊？）之間的關聯為何，我們可能會逐漸理解，相互行動的想像對認知自身與他人的侵略行為間的關係，是至關重要的。這不僅是一面反射鏡或是一種認知失誤，而是一種思考方式，省思攻擊傾向何以做為所有社會紐帶的一部分。如果我想像的行動，原則上也會成為我將承受的行動，如此一來便無法將對個人行動的反思、與構成社會生活的相互關係給區分開來。對於我想論述的生命可悲慟性的平等而言，這個假設十分重要。

我的看法是，當道德哲學與精神分析思想具有根本關聯時，就成了一種**可替代性**（substitutability）的幻象維度：一個人可以被另一個人取代的這種想法，在精神生活中經常發生。那麼，讓我根據這個論點，扼要地重述另一個結果論者觀點的版本：當我考慮做出破壞性行動時，想到別人可能也會做出我正在想的這個行動，那麼最終我恐怕反而成為這個行動的接收者。這種念頭會導致一種迫害幻想（或根據克萊恩式的論述，應被稱為「幻象」，有鑑於其無意識的特質），足以使得我無法按照我所（強烈）希望的方式行事。別人可能照我所想的來行事、或做出我想對別人做的事情，這樣的的想法被認為是難以控制的。的確，如果我堅信自己會遭受迫害，卻沒有意識到這些想像行為都只是我想像的一部分，那麼懷著這樣的想法，我反而會建立一套理論基礎，以攻擊的方式對抗來自外部的攻擊行為。我可以用這種迫害的幻象，來合理化自己的迫害行為。或者，理想上我可以說服自己不要衝動，除非當我意識到那個存在我幻象中的潛在行為開始壓迫我時，才能採取行動。

當意識到我自己的攻擊會以他人行動的形式作用在我自己身上，所以我現在要以攻擊來保護自己時，這一切都變得既悲慘又可笑。儘管這是我的行動，但我將它分配到了另一個人的名字下，儘管這種替代可能會引起誤解，然而它將迫使我去考慮哪些我所做的事將會作用於我。雖然我用「考慮」一詞，但並不意味一定是種反思性的過程。一旦替代成了幻想，非自覺的聯想便會隨之出現。因此，儘管這個實驗可能是有意識地進行的，但那些「以他人代替我」、或「以我代替他人」的方式，反使我陷入了一系列非自覺的反應中，這些反應意味了無論是替代過程、對替代性的精神敏感性、或初始且可傳遞的模仿，思想行為都是無法在有意的情況下被完全組織或約束[10]。在某些方面，「替代」遠比我做為「我」的出現還要來得早，比任何有意識的作為都更早運行[11]。所以當我有意識地以他人

10 對模仿的主要論述，見 Mikkel Borch-Jacobsen, *The Freudian Subject*, Stanford, CA: Stanford University Press, 1992；以及 François Roustang, *Qu'est-ce que l'hypnose?*, Paris: Éditions de Minuit, 1994.

11 在桑多爾．費倫齊（Sándor Ferenczi）、弗朗索瓦．魯斯唐（François Roustang）和西蒙．克里奇利（Simon Critchley）的著作中，可以找到此論文的各種版本，他們對列維納斯與精神分析之間的重要關係作出認證。見 Adrienne Harris and Lewis Aron, eds., *The Legacy of Sándor Ferenczi: From Ghost to Ancestor*, New York: Routledge, 2015；以及 Simon Critchley, "The Original Traumatism: Levinas and Psychoanalysis," in Richard Kearney and Mark Dooley, eds., *Questioning Ethics*, New York: Routledge, 1999.

替代我、或用我替代他人時，我很可能會陷入無意識的領域，從而削弱了實驗中的蓄意成分。因此當我在進行實驗的同時我也被做為一種實驗：它並不是完全在我的掌握之下。這點對於我們為什麼需要守護他者生命的問題至關重要，因為我在此提出的問題，在其提出的過程中被反轉和擴張，並最終被改寫成了一場攸關相互行動的場景。有鑑於此，當意識到我的生活和另一個人的生活是如何能夠相互替代時，兩者間便變得難分難捨。我們之間的連結恐怕超出了我有意選擇的任何連結。我假設性替代了另一個人、或另一個人替代了我的這種行為，或許能使我們更廣泛地考慮暴力所造成的相互損害，即對相互社會關係本身的損害。然而，有時這種「以某人替代另一個人」與「以另一個人替代某人」的能力，也可能導致一個更暴力的世界。這是怎麼發生，又為何會發生呢？

我們（可能）無法剝奪那些我們希望其消失的生命的理由便是：我們始終無法生活在一個每個人都相同的世界中。將這個方法套用在我們的行動上，就意味著我們必須想像一個我們真的會依這種方式行事的世界、使自己踏上行動之路，並探究是否有阻止我們行動的理由。我們必須想像一下我們所做的致命行動後果為何，當中涉及了要經歷一種令人不安的幻想，我認為這種幻想完全不是被有意識地精心策劃的。因為想像他人可能會因為我而死，也就暗示了一個相反的事實：我可能會死在另一個人的手裡。但是我也可能會對我的信念進行劃分，來把我自己的行為想像成單方面且不會反噬的，這也意味著我擺脫了可能會死於他人之手的可能性。當一個人的信念奠基在這樣的否定或分裂之上，這種理解自己的方式將會造成什麼樣的後果？

在進行這個思想實驗時，有些人可能會得出別人會設法摧毀我、或者他們肯定會摧毀我的這種結論，彼時，我可能也會斬釘截鐵地認為：如果我不先摧毀他們，我就是傻瓜。一旦這種思想實驗催生出了迫害形態的可能性，則這種論證就可用以支持殺戮的決定。但是，這種認為別人試圖摧毀我的感知，有什麼樣的立論基礎嗎？

佛洛伊德根本不相信理性有能力命令和控制謀殺的願望——這是他在世界處於一場戰爭邊緣時所說的話。而且我們可以看到，循環推理的形式是如何被做為攻擊傾向的工具，無論這種攻擊傾向是出於渴望抑或恐懼。考慮到破壞性衝動的現實，佛洛伊德認為「倫理的嚴酷性」（ethical severity）確實是必要的。同時，他也懷疑倫理的嚴酷性是否夠格勝任。佛洛伊德在《文明及其不滿》（*Civilization and Its Discontents*）中開玩笑道，超我（super-ego）的倫理嚴酷性「不足以對人類的心理構成的事實造成麻煩」，因為，用他的話說，「自我（ego）對本我（id）沒有絕對掌控權。」[12]同樣地，佛洛伊德稱「愛鄰如己」的誡命「是對人類的攻擊傾向最強而有力的防禦，也是文化超我之非心理學活動的一項絕佳例證」。[13]此前，他在一九一五年《對戰爭與死亡時期的思考》（*Thoughts for the Times on War and Death*）中寫道：無論我們的理性承諾被如何地精心雕琢，「這種對『不可殺人』誡命的強調，更坐實了我們是無數代殺人犯的後代，這些殺人犯血液中流有殺戮的欲望，也許今天的我們也是如此。」在爭論了文明的發展軌跡以及白人統治的錯誤道德承諾後，他確信有一種無意識的生活維度穿梭在所有文化之

12 Sigmund Freud, *Civilization and Its Discontents*, in *The Standard Edition of the Complete Psychological Works of Sigmund Freud*, trans. James Strachey, vol. 21, London: Hogarth Press, 1915, 108–9.

13 同上，頁109。

中：「如果在無意識的衝動下，我們每天、每小時都欲擺脫阻礙我們前行的任何人……我們在無意識中甚至會為了瑣事殺人。」佛洛伊德指出：「我們或許會疑惑，為什麼人在接受過（道德）教育後，邪惡仍然會如此活躍地出現。」[14]殺人衝動某種程度上是無法教化的，特別是當個人融入了群體之中。

我們不能低估精神現實中的這種「不可戰勝」維度的力量，這種念頭攸關了人與死亡驅力的關係。儘管我們暫時把焦點放在殺戮欲望、以及是什麼遏止了我們去殺戮等命題，我們仍可以看到死亡驅力在政治性考慮中持續運行著，而政治性考慮與其實際上對人類生命造成的損失並沒有太大關係。我們可能會將「附帶損害」視為此一論證的主要例證，而這種奠基於否定（disavowal）之上的論證，便有效地成為一種帶來破壞的工具。

我們可以找到大量證據來證明對法律和政治相互形式的抵制：例如對殖民統治正當性的堅持、讓他人死於疾病或缺乏營養的樂意，或者可能是歐洲各港透過

14 Sigmund Freud, "Thoughts for the Times on War and Death," SE vol. 14, 1914–16, 296–7.

閉關將新移民拒於門外，讓他們淹死，即使要眼睜睜看著這些屍體在歐洲各個夢幻度假勝地的海岸上被反覆沖刷。然而有時候，這種對虐待的狂熱滿足感就像傳染病一般，正如我們看到美國警察是如何針對黑人社群的行動那般，手無寸鐵的非裔男子試圖逃離警察，卻遭射倒在地，警察懷抱輕鬆感、道德上的有罪不罰、以及滿足感行事，猶如追殺獵物一般。或者，再次看看根深蒂固的氣候變遷觀點，那些了解並承認了這個現實的人，應有義務限制工業和市場經濟的擴張。他們知道破壞正在發生，但情願裝聾作啞，他們根本毫不在乎，只要自己在所身處的時代中獲利就夠了。在這種情況下，毀滅被默許了，即使從未被明言或明想，這種「我對破壞完全無感」的態度給了毀滅一張許可證，甚至有一種令人滿意的解放感，在反對工業污染檢查與市場擴張中油然而生。我們也可以看到，在當代政治生活中，當唐納．川普（Donald Trump）發話要撤銷對種族主義政策和行動、以及對暴力的禁令時，有多少人以各種各樣的方式感到興奮，彷彿人民就要從女權主義者、酷兒主義者反對種族主義的非暴力支持者等左派所代表的殘酷且羸弱不堪的超我中解放出來。

任何反對暴力的立場都不能成為一種天真的想法，它必須嚴肅思考社會關係、或所謂「社會紐帶」構成部分中的破壞潛力。但是，如果我們認真看待死亡驅力，或者將死亡驅力的後期版本定義為攻擊與破壞，我們必須更廣泛地思考反對破壞的道德觀念與精神生活的破壞傾向，這兩者之間的矛盾。這種道德訓誡是否旨在消除精神的某一構成要素？如果它無法做到這點，除了強化超我嚴厲、殘酷的要求去放棄這種需求，還能有其他選擇嗎？佛洛伊德派對這個問題的回答是：若能放棄這種衝動，對我們來說當然是最好的，即便我們必定會付出精神上的代價。可以用這樣的準則來理解：「請謀殺你自己的殺人衝動。」佛洛伊德照著這個思路，發展出了《文明及其不滿》中有關良知的觀點，表明了破壞性如今所針對的便是破壞性本身，又因為它無法完全摧毀自身的破壞性，它便在超我發動的時候更加強化其運行。超我越強烈地要放棄殺人衝動，精神機制就變得越發殘酷。在這種時刻，攻擊傾向、甚至暴力都被禁止了；但可以肯定的是，它們既不會被摧毀，也不會被消除，因為在攻擊自我之際，它仍被保留在一個積極的世界中。這並非佛洛伊德處理破壞的唯一方法，等我們第四章思考「矛盾」是如何為倫理鬥爭（ethical stuggle）開路時，將會再提到這一點。

從某種意義上說，佛洛伊德所探究的問題，與我曾提出的十分類似——是什麼使我們任何一人試圖去守護他者的生命？但他是以一種消極的方式提問：在精神生活中，當我們被謀殺的意念所控制時，是否有什麼方式（如果有的話）能防止我們之中的任何人遭受傷害？然而，還有另一種精神分析思維，可以以積極的方式來重述這個問題：當我們積極地試圖維繫他人生命時，什麼樣的動機會在我們的精神生活中被激發？再回到「替代」問題，我們可以問：無意識的替代形式是如何啟發並活絡我們所謂的「道德情感」（moral sentiments）？在什麼條件下，可以將自身放置於他者的位置，卻又不會導致鳩佔鵲巢的局面？如何能將他人放置於自己的位置上，又不使自己被完全吞噬呢？這種替代形式，打從一開始就說明了生活之間相互牽連的方式，並使我們理解：無論我們最終採用了什麼倫理，都無法在守護自我和守護他人之間做出區分。

梅蘭妮．克萊恩在她的論文〈愛、罪疚與修復〉（Love, Guilt, and Reparation）中，對道德哲學做出了精神分析方面的貢獻，正是在愛與恨的動力學中，我們覓得了個人和社會心理匯流的場所。克萊恩堅信：使人快樂的渴望與「強烈的責任感與關懷」聯繫在一起，而「對他人的真誠同情」則關乎了「將自己置於他人的位置上」。為此，「認同」讓我們離利他主義的可能性更進一步，她寫道：「我們只能無視或在某種程度上犧牲我們自己的感受和欲望，進而把別人的感受和渴望暫時置於自己之前，如果我們有能力將自己與所愛的人區分開來的話。」這種部署不完全是一種自我否定，因為在為我們所愛的人追求幸福時，我們也分享了他人的滿足。將他人置於第一位的行動帶來了同情共感（vicarious），由此，「我們所犧牲的會以另一種方式重新獲得」[15]。

在此，克萊恩為文下註：「正如我一開始所說，愛與恨的交互作用不斷地存在於我們之間。」[16]這一反思激起了同情共感的生活；或者，也許為了要分別對愛進行論述，必須以圖像式的方式將其與攻擊性論述區分開來。不管怎樣，這兩

15 Melanie Klein and Joan Riviere, "Love, Guilt, and Reparation," in *Melanie Klein and Joan Riviere, Love, Hate, and Reparation*, New York: Norton, 1964, 66.

16 同上，頁66，註一。

種論述匯流融合成了幾個段落。在註解中，她指出：儘管她目前只專注於文本中的愛，但她想澄清的是攻擊性是「共存的」（co-present），且攻擊與仇恨都具有生產性，我們毋須因為有愛心的人也能展現出其他感情而感到驚訝。她明確表示：在給予他人、甚至保護他人的過程中，我們會重現自己受父母對待的方式、或我們希望被如何對待的幻象。她對於這兩個論述保持開放狀態。她寫道：「最終，當我們為我們所愛的人做出犧牲、並為所愛的人認同時，我們也扮演好了父母的角色，並往往以我們認為父母是如何對待我們——或希望他們如何對我們的方式，來對待此人。」

因此，儘管她指出與他人互相做到「真切的同情」是可能的，且這牽涉了「理解他們與他們情感的能力」，但這卻關乎角色扮演、甚至重新演繹角色的問題，在幻象式的場景中，一個人被定位成孩子或家長，彷彿他們就是、或應是這些角色，這跟「希望他們是」的意思一樣。實際上，克萊恩還進一步主張：「與此同時，我們也扮演起了父母面前的乖孩子的角色，這是我們過去希望做到的，而我們現在正在採取行動。」[17]因此，當克萊恩認為同情共感對於讓他人快樂的所做的努力而言是必要的，甚至要將他人的道德優先權置於我們自身之前的這一刻起，我們也開始了角色扮演，並重新制定出一些尚未被悲慟的逝去、或一些從未兌現的願望。她以這樣的方式為論述作結：「通過反轉局面，也就是說，我們通過幻象的方式扮演了某人的好家長，也重新創造並享受到我們所嚮往的愛、以及所嚮往的父母的好。」

此刻，我們仍然不清楚我們是否曾經擁有那種美好的愛情，然後隨著成長就逐漸失去了；或者我們是否只是在盼望那些我們從未真正有過的美好愛情（又或，至少這種愛並沒有完全滿足我們的願望）。目前似乎很重要的是，在我們的替代與奉獻方式中，我們是否實際上是在哀悼那些我們曾經擁有的，或是冀望那些我們從未擁有的——甚至可能兩者皆是。當克萊恩將註解中有關攻擊傾向的論述再次引入文本時，她寫道：

17 同上，頁67。

然而，扮演他人的好父母，也可能是處理過去的挫敗感和憂慮的一種方式。我們對父母的不滿使我們自己感到沮喪，伴隨著從心中所燃起的仇恨和報復，同時，從這些仇恨和報復中，又衍生出了罪惡感和絕望，因為我們傷害了我們所愛的父母——所有幻象中的一切，都能透過同時扮演有愛的父母與有愛的孩子，讓我們在回顧中達到和解（消解某些仇恨的理由）。[18]

因此，一開始通過認同模式，或許得以實現真誠的同情的主張，演變成了一項攸關如何善待他人並確保他們幸福的論述，我們每個人都再次回顧了我們對那些不夠愛我們的人、或難以接受地失去了某份美好愛情所致的委屈。

與此同時，依照這個邏輯，即便過去曾經因為攻擊傾向吞噬了各種從善的努力，一個曾經不是、或永遠不可能是好孩子的人，如今都能夠成為好孩子。因此，當置身於克萊恩所謂「真誠的同情」時，我也正在努力彌補我的傷痛與委屈、甚

18 同上。

至是為自己贖罪。我把他人放在首位，但是在我的場景中，建立了各種不論你我都能扮演的角色。也許這本來就是很容易的事。我只會為了那個因我的給予而感到滿足的人而感到滿足，因為我愛他，也因為對方的感受使我產生同感：真誠的同情是可能的，且這種感覺是相互的。然而，這種表述的簡單卻使其遭受質疑，我們會問：除了那些被回顧的場景，我是否曾在場景之外的地方遇到其他我所愛的人：我努力重建那些被我丟失、或從未擁有的事物；或試圖與我所犯下的罪、抑或是想摧毀他人的衝動和解，即便這種衝動只存在於幻象之中。我的同情是否是被我自己的失去或罪惡感、或是從幫助他人的過程中與他人共享的快樂給激發出來的，其中「我」與「你」之間也許並沒有我們所想的不同？如果它們會彼此共享，那麼它們到底分享了什麼？還是它們被幻象給部分掩蓋了，而它們最初也是幻象的一部分？

當克萊恩以「彌補」做為愛的基礎的主張，並為此作結時，她提供了我們一種思考同情的新視野。即使我是在同情他人（也許是同情他在遭受損失或被剝奪後，卻從未得到彌補），我似乎同時也在為自己從未有過的、或應該得到的照顧做出補償。換句話說，我推己及人的同時也修復了我自己，這兩個動作若少了任何一方就不可能發生。如果認同涉及了彌補損失，要到什麼程度才能做為「真誠」同情的基礎？在努力使另一個人快樂時，是否總是會有「不真誠」、或自我偏見摻雜其中？這是否也意味著如果「自我修復」的幻象做為其中一種潛在條件，「認同他人」永遠都會是未竟之志？

在這些段落中，克萊恩將重點擺在委屈和罪惡感之上，但唯有在一個人宣稱自己過去曾受剝奪的情況下，委屈才有意義。剝奪可能以損失的形式出現（我曾經有過這種愛，如今不復存在），也可能以非難的形式出現（我從來都沒擁有過這種愛，但我絕對值得擁有）。罪惡感在這些段落中，似乎被與仇恨和攻擊性的情感連結起來。不管是字面上之撕毀（tear at）或撕裂（tear apart）家長，這種幻象都是有效果的，而孩子往往不一定能分辨何者為破壞的幻象、何者為實際行為。即使被針對的家長一直都在，也不足以有效證明孩子不是謀殺者，也沒有足夠的文件證明死去的家長是自然死亡的。對於孩子而言，有一個被謀殺的人莫名其妙地跟他活在同一個屋簷下，而有時候，孩子自己就是那個明明被謀殺了、卻又莫名地活著的人（如卡夫卡作品〈一家之主的憂慮〉（The Cares of a Family Man）中的主角奧德拉德克一般）。的確，在還未掌握何謂同情認同之前，我們便無法理解認同的修復軌跡，所謂同情認同，誠如克萊恩所言，是通過場景的重演，以及通過反轉對損失、剝奪、和因缺乏談判空間的依賴性所衍伸出的仇恨等場景而產生。

克萊恩寫道：「我的心理分析進程使我更加確信，當嬰兒心中出現愛與恨之間的衝突，且害怕失去摯愛的恐懼變得鮮明時，就意味著這項發展邁出了非常重要的一步。」[19]一個不爭的事實是，將母親摧毀的幻象會使嬰兒恐懼、害怕失去那個從根本上依賴著的人。放棄母親意味著將會危及一個人的生存條件。這兩條生命似乎被束縛在一起：「就在……無意識之中，有一種想放棄她的念頭，但這種念頭又被希望她永遠存在的迫切渴望給抵消了。」[20]嬰兒並不是種會算計的生物。在特定基本層面上，人們會認知到自己的生命與另一個生命聯繫在一起，而

19 同上，頁65。
20 同上，頁91。

儘管這種依賴性的形式會產生改變，我仍會主張這是社會紐帶理論的精神分析基礎。當我們試圖守護彼此的生命，這樣做的理由不僅是出於自身利益、或因為這麼做保證能為我帶來更好的結果。反之，這是因為我們都早已被社會紐帶給綁在一起了，這種紐帶出現於我們的生命之前，並使我們彼此的存在成為可能。我的生命與其他人的生命無法完全區分，而這也是幻象與社會生活的一層羈絆。

罪惡感不僅應該被視為一種審視自己破壞性的方式，還應做為一種維繫他人生命的機制，這種機制源於我們自己的需求和依賴性，從某種意義上來說，若另一個生命消失的話，我們的生命將不復存在。的確，當它變成一項維繫行動時，我不確定繼續稱它為「罪惡感」是否恰當。如果我們仍然要使用這個詞，我們可以歸結出「罪惡感」的產生是弔詭的，或者它是以補償做為其生產形式；但是「維繫」是又一種未來導向的模式，一種前瞻性的關懷抑或照顧另一個生命的方式，並且要積極地去避免我們、或他人可能造成的損害。而自然地，補償並不是全然只取決於過去所發生的事上：它可能補償了一些只是我**希望**造成、卻沒有真正造成的損害。但「維繫」則比較類似另一方面，它為生命的宜居性，甚至為其繁榮發展創造了條件。這樣看來，「維繫」和「守護」不盡相同，儘管前者以後者做為前提，「守護」旨在鞏固已經存在的生命；而「維繫」鞏固並重現了形成、生活、未來的條件，在這些條件下，既不能限制、也無法預測生活的輪廓，此外，也使得「自我決定」（self-determination）成為可能。

克萊恩最為人知、且一再強調的主張便是：嬰兒對母親的乳房有著極大的滿足感，但同時也對其產生了強烈的破壞渴望。隨著嬰兒自身的攻擊性渴望浮現，他開始擔心這將「摧毀了眾所周知他最愛、也最需要的對象，而他偏偏又完全依賴著這個人。」[21]在其他時刻，據說嬰兒不僅會對失去母親或他最依賴的人感到罪惡，還會感到「痛苦」（distress），這顯示出焦慮感是源於一種根本性的無助感。

「在最後的分析中，」她寫道：「令人恐懼的是，所愛之人——首先是母親——可能會因為幻象中所受到的傷害而死亡，這使得對她的這層依賴令人難以接受。」[22]然而，這種難以接受的依賴性仍然存在，勾勒出了不管某種社會紐帶

21　同上，頁61–62。
22　同上，頁83。

再難以忍受，都必須被守護的事實。即便難以接受到足以點燃謀殺怒火的地步，有鑑於雙方之間的彼此依賴性，一旦採取了行動，兩方都會同時被擊倒[23]。

顯然地（也或許有點矛盾地），一旦體認到如果有人傷害了她，就等於傷害了自身的性命時，一股給予、為她做出犧牲的渴望便會油然而生。因此，孩子會開始修復一些可能由母親所煽動或想像出來的破口，或甚至是那些尚未形成的破口，通過修復來對破壞進行反抗。如果我試圖去修復她，我必須了解到我已經對她造成了破壞，或已經在精神層面執行了一場謀殺。如此看來，我並不否認我的破壞性，但我試圖扭轉破壞所致的影響。並不是說破壞性會轉化成修復行動，而是當我正受到破壞性驅使的情況下，我也同時在進行修復，或更準確地說，正是因為我受到驅使才有辦法進行修復。我所做的一切犧牲都是彌補軌跡的一部分，但是彌補並不是一種有效的解決方案。女性主義文學理論家賈桂琳・羅斯（Jacqueline Rose）指出「彌補能夠強化全能妄想」（reparation can reinforce omnipotence），此外，在克萊恩的理論中，有時也會將彌補做為一種發展性的（而非紀律性的）

23 Lauren Berlant and Lee Edelman, *Sex, or the Unbearable*, Durham, NC: Duke University Press, 2013.

需求與命令[24]。彌補難免會出現錯誤，且應該與為了改寫與否定過去所做的努力區分開來。這種幻覺形式的否定，可能會使人游離於由憂慮導致的精神遺產之外、或將其扭轉，導致精神分裂的狀況。

我們會發現，佛洛伊德的理論將如何抑制人類的破壞性的精神分析角度的答案，聚焦於良知與罪惡感之上，它們做為一種重新啟動死亡驅力的工具，通過用超我激發絕對的道德要求、殘酷懲罰，與對失敗的明確判定的這種方式，來要自我對一己之行負責。但是這種通過內在抑制了人的破壞性衝動的邏輯，似乎在一種自我撕裂良知或消極的自戀過程之中到達高潮，就像我們在佛洛伊德那裡所看到的那樣。

在克萊恩的理論中，這種扭轉或消極的辯證法反而催生出了另一種可能性：即守護他者生命的衝動。罪惡感並不是完全是種自我指涉（self-referential），而是一種與他人保持聯繫的方式。換句話說，罪惡感不再是一種會斬斷社會聯繫的

---

24 Jacqueline Rose, "Negativity in the Work of Melanie Klein," in *Why War?: Psychoanalysis, Politics, and the Return to Melanie Klein*, London: Blackwell, 1993, 144.

消極自戀形式，而是一個闡述這種紐帶的機會。因此，克萊恩為我們提供了一種理解罪惡感的方法，為了守護他人和我自己，罪惡感成了整飭破壞性衝動的一種重要方式，這種行為以一個人的生命離不開另一個生命做為前提。對克萊恩而言，在不波及他人的前提下去消滅某人生命的這種狀況，存在於幻象層面之上。儘管有關發展性的論述以嬰兒與母親做為預設，**當「禁止謀殺」成為社會組織原則時，我們能否將這種模稜兩可的社會紐帶形式套用在更普遍的形式之上？**畢竟，那些我們賴以生存、卻又總是在某方面讓人難以接受的依賴性，並不會隨著年齡增加而完全消失；事實上，隨著我們年齡增長、踏入新的依賴形式，若這種新形式會使我們回想起最初的依賴形式，反而會達到一種強化的效果，比如住房與機構安排與照護者的搭配（如果有的話）即是一例。

我們可以看到，在結果主義的劇本之下，我們每個人是如何做出「殺死那些令我們反感或情感矛盾的人，確實不符合我們的最大利益」的結論，因為如此一來，其他對我們感到反感的人很可能也會有這種想法，要奪走我們或某人的生命，我們將無法在不斷傷將我們識別為人類的理性、以及傷害宜居世界的構成的情況下，去使任何規範行為模式的法則被普遍化。這些視角以不同的方式鋪陳出一個場景，在這種場景中，我們被要求去復刻或複製我們的行動，想像其他人處於我們的位置、或將自己投射到其他人的位置，然後根據這項實驗，來思考並評估我們向自己所提出的行動。然而，對於克萊恩而言，我們打從一開始，就處於不經意地以自己來替代他人、或自己被他人替換的情況之中。而這種情況也貫徹了整個成年生活：我愛你，而你早已成為我，乘載著我尚未修補的過去、我的匱乏和破壞性等重擔。而我毫不懷疑的是，你首當其中地承受了這些從未受過的懲罰；我們是彼此之間那段不可回溯之既往的錯誤替代品，我們兩人都沒有真正擺脫那些試圖修補、卻無法修補的過去的渴望。然而，我們卻來到了這裡，盼能共享一杯美酒。

「生活，如我們所見，」佛洛伊德在《文明及其不滿》中說，「實屬不易。」[25]這也對各種形式的麻痺需求（當然，包括藝術）做出了解釋。背負著無

25 Sigmund Freud, *Civilization and Its Discontents*, SE vol. 21, 1930.

可哀悼的逝去、難以接受的依賴性、以及無法彌補的剝奪等重擔，我們似乎正在汲汲營營地從所謂的「關係」之中找出尚待修復的場景，並通過各種形式的給予來試圖修補。這或許能做為一種堅持的動力，在這種動力中，給予與接受、維繫與修復等兩極並不全然相斥：行動者與行動接受者之間往往無法區分。也許正是這種道德與感性上豐饒的模糊地帶，以一種潛在而普遍方式形塑了我們。

如果我的存在持續依賴著別人，那麼我也就在此處、更關鍵地是在彼處，開始和我所依賴的人分開了；我模糊地同時身處兩地，無論是在進食、入睡、被撫摸或懷抱的時候。換句話說，嬰兒的分離性從某些方面來說是一種事實，但從另一些重要角度而言，它更是一種鬥爭、一場談判，即使不是一種關係性的約束。不管孩子被教養得多麼出色，總會多少感到痛苦和匱乏，因為他人的形體不可能時時刻刻都在那裡。因此，由那個難以接受、又必需賴以維生的對象中所引發的仇恨，無疑是破壞性的構成部分，而這種破壞性往往無可避免地湧現在愛情關係之中。

那麼，這個論述又該如何被轉化為更普世的原則，把我們帶回是什麼使我們免於殺戮、是什麼讓我們去守護另一個生命的問題之上？有沒有可能，當我們摧毀某個國家的當下，我們也同時摧毀了自己？若真如此，那也是因為我之為「我」，一直只有被含糊地區分，而對於這個「我」而言，差異化是一場永恆的鬥爭與命題。克萊恩和黑格爾的理論似乎在這裡匯流了：我遇見你，但也在那兒遇見我自己，就如你也複製了我破敗的部分那般；我不再只是我，而是從你那兒得到的靈魂碎片，你的靈魂在我之中尋覓著一段有別於自身的歷史。

因此，「我」身處在這樣一個依賴的世界，只能通過自我消除來真正消除這種依賴。這些從嬰兒時期就持續存在的事實，會繼續影響我們的政治生活，以及游離和偏移的形式，而正是這些形式催生出主權自給自足的幻象[26]。由於這個緣故，羅斯主張若我們希望避免戰爭爆發，應該「堅持」（hang on）採取「嘲笑」（derision）與「失敗」（failure）這種搶先、或削弱必勝主義（triumphalism）的

26 克萊恩曾指出一點，即嬰兒與母親的關係，就是嬰兒與生命的關係。然而，她並沒有說明此處是指母親的、還是自己的生命。在這一點上，「生命」儼然成了一個模糊的指稱。自己的生命、他者的生命；兩者都被視為「生命」。

形式[27]。

我們可能會認為「真誠的」同情，意味著必須清楚劃分「我」與「你」，但是我的這種**不做**自己（即角色扮演、甚至扮演他人角色）的能力，也是我的一部分，甚至能讓我真正地同情你。這意味著在身分認同中，我超脫了部分的自己而成為你，而你向我所徵收的部分又由我自身承擔。因此，我們以某種方式彼此相依。我不僅是全部我所愛與失去之人的沉澱物，亦是所有那些未能好好愛我的人，以及在我想像中成功將我帶離了令人難以忍受、卻又攸關存亡之早期痛苦的人，也是使我遠離了由我憤怒中的潛在破壞性所致的難以忍受的罪惡感（與焦慮）的那些人之遺產。而我也努力地成為一個能夠鞏固你的生命狀態，並能夠承受你因無所遁逃的依賴性而產生的憤怒的存在。的確，我們或多或少都對依賴性感到憤怒，如果不從社會和精神生活本身的條件中解放，我們就無法超脫這種依賴性。

然而，既然我們都能從個人生活與依賴性的親密形式中，對這種依賴性進行

27 Rose, "Negativity," 37.

想像了，難道會不理解我們也一樣地仰賴著制度與經濟，所以一旦失去這些，我們便無法以如今的生物之姿繼續維生的事實嗎？再者，這種觀點又要如何考慮戰爭、政治暴力、或因疾病或死亡而遭到拋棄的族群？禁止殺戮的道德戒律或許必須擴大為政治原則，才能訴諸體制和經濟手段來保衛生命，並且要採取一種**無法**區分族群間可悲慟性的方式來進行。

在下一章中，我希望呈現出對可悲慟的生命之連貫且廣泛的構想，以及這些構想將如何在生命政治與戰爭邏輯範疇中，調整我們對平等的觀念。重要的不僅是要找到方法來修補我們已造成的損害（儘管這確實很重要）、或我們自認是由我們做出的損害，更重要的是，要找出能預期並阻止「尚未到來」的損害的方法。為此，必須出動一種預期性的修復形式，一種用以維繫現有生命的未知未來的積極形式[28]。我們可能會認為：若沒有開放的未來，生命將僅是存在，但並未活著。而我所下的賭注是，有時我們不採取暴力行動的原因，不僅只是因為覺得其他人

28 David Eng, "Reparations and the Human," *Columbia Journal of Gender and Law* 21:2, 2011.

可能也會對我們採取暴力行動，而導致不符合我們的最大個人利益的局面。反之，更重要的原因是在代名詞的世界中，那些衝突的社會條件為主體的形成奠下根基：這個「我」已經是社會性的了，並與這個超出了我同溫層的社會世界相互連動，既迫切、且很大程度上是非個人的。我先是在他者的腦海中變得可以思考，就如「你」一詞或性別代名詞一般，這種幻象式的構想催生出我做為社會生物的能力。在任何代名詞出現之前，構成「我」的依賴性凸顯了這樣一個事實，我依賴那些會為我賦予定義，進而形塑我的人。我的感激之情無疑地和某部分難以忍受的憤怒摻雜在一起。然而，「倫理」也在此處登場，我注定要守護那些矛盾的紐帶，否則我本人將不復存在、也無法被完整地思考。因此，衝突處理與矛盾協商，對於防止憤怒被轉化為暴力有著無比重要的作用。

一旦認定每條生命都同樣地可悲慟，那麼一種新的平等形式將被引進以理解社會平等，這種平等涉及了對經濟和制度生活的治理，其中包括了我們必須與自身的破壞能力搏鬥、一力剋一力。這又與通過強化家長式權力形式來保護弱勢族群的方式有所不同。畢竟，那樣的策略總是事後才出現，也無法處理脆弱性的差異產生。而當一個生命從一開始便被認為是可悲慟、有可能逝去、且一旦逝去便將被悼念的，那麼世界將會團結起來去阻止他的逝去，並使其免受傷害與破壞。如果以這種平等主義的想像來理解所有生命，那政治光譜各端上的角色們，又將如何改變他們的行為？

眾所周知，要向被盯上、被拋棄、或被譴責的人傳達訊息，使其明白他們也具有可悲慟性是十分困難的：他們的逝去應該要、也將會被重視，而如果無法拯救他們，意味著會產生極大遺憾，並將要對義務進行修補。那麼，什麼樣的部署方式能使我們建立一套對遺憾與憐憫的預期能力，使我們興許能阻止當今與將來的某些行動，避免釀成一個令人惋嘆的未來？在希臘神話的悲劇中，惋嘆似乎經常伴隨憤怒而來，且往往扮演後到角色。但有時，我們也能在故事中看見合唱團的出現：一群無名者聚集於憤怒的跟前吟唱，在毀滅到來之前便先行悲嘆、在大限將近時便開始了悼念[29]。

29 見 Nicole Loraux, *Mothers in Mourning*, trans. Corinne Pache, Ithaca, NY: Cornell University Press, 1998, 99–103；也可見 Athena Athanasiou, *Agonistic Mourning: Political Dissidence and the Women in Black*, Edinburgh: Edinburgh University Press, 2017.

【第三章】

非暴力的倫理與政治

在前幾章中，我試圖從道德哲學和社會理論的角度來進行精神分析，也提到了我們的某些倫理與政治的辯論，正悄悄地做出了人口統計的預設，預設哪些人提出了道德問題、而這些道德問題又作用於哪些人之上。如果不對哪些生命可能具有可悲慟性做出一些猜想，那我們根本無從提出「哪些生命值得被維繫」的問題。那些稱不上可悲慟的生命，被維繫的機會微乎其微。我主張精神分析能夠幫助我們了解幻象是如何以非批判性的維度，在以理性自居的道德討論中展現作用。現在，讓我們把目光轉向米歇爾・傅柯（Michel Foucault）和法農，以及我們所謂的「人口幻象」（population phantasms）與「種族幻象」（racial phantasms），以理解在國家結構和關於暴力與非暴力的公共話語中，那些心照不宣、甚至無意識的種族主義形式。在此將艾蒂安・巴里巴（Étienne Balibar）與班雅明的理論放在一起閱讀，能幫助我們理解「暴力」的多重涵義，以及國家暴力或其他監督力量命名「暴力」的複雜節奏，這種命名使它們與本身的合法性背道而馳，成了一種推進和掩飾其本身暴力的實踐。

我主張對非暴力的道德辯論，可以採用以下兩種不同的重要形式。第一種形式將問題集中於不殺害或摧毀一個人或一群人的生命的立場上，第二種形式則關注我們為了守護某人或某群人的生命，必須負起哪些義務。我們可以去問如何使自身停止殺戮，也可以問是什麼啟發我們去尋求道德與政治的途徑，儘可能地積極守護生命。我們是否會對個人、特定團體、或所有可能的人做出這種道德提問，這一點極為重要，因為一旦我們把個人與群體的本質、甚至這些討論中的人類觀念視為理所當然（通常攸關人口統計的假設，包括了誰可以算作人類的幻象），都將限制了我們對哪些生命值得保留而哪些不值得的理解，也會因此定義並限制了我們對人性的操作概念。若從詞源上考究，人口統計學是一門探究「人民」（demos）是如何被「書寫」（graphos）或呈現的學科，而雖然它與統計學也有關聯，但統計學只是詳細闡述人口的圖像式手段之一。而什麼樣的圖像式手段，可以去區分可悲慟和不可悲慟者？

可悲慟的生命：不可量化之價值的平等

我主張暴力潛能是所有相互依存關係的一項特徵，而相互依存做為社會紐帶構成的這種概念，又被視為一種永久的矛盾形式，佛洛伊德認為這種矛盾源於愛恨間的衝突。而我想提出的是：對生命之間可悲慟性之不平等分布之認識，將能夠、且應該會轉變我們辯論平等與暴力的方式。事實上，非暴力的政治辯護若排除了對平等的承諾，將不再具有任何意義。

如果某個族群是可悲慟的，他們就會被視為活著（living）的族群，而他們的死去將會意味著一種讓人無法接受、甚至是錯的逝去——這種場面將充斥震驚和憤怒。一方面來說，可悲慟性是一種由某個團體或共同體、又或是話語範圍、某政策或體制中的特定詞彙，來賦予特定一群人的特點。這種歸因可以透過許多不同媒介、不同的力量發生，然而取決於其脈絡以及脈絡轉變的方式，它也可能**不發生**，或者僅以一種間接、不連貫的方式發生。但我的重點是：人們只能在其「逝去」經過認可的情況下，才能被悲慟，或被賦予可悲慟性；而「逝去」的認可條件，必須要從語言、媒體、文化，以及某種間主體性（intersubjective）之場域中確立，它才能被承認。又或者，即使文化力量拒絕承認這種逝去，只要過程中出現了一種抗議形式，逝去仍然可能受到認可：這種抗議形式能夠打破強制性且使人抑鬱的否認規範，活絡公眾悲慟的展演維度，來試圖揭露可悲慟性的侷限，並建立一套新的認可與反抗條款。一種戰鬥性的悲慟形式藉此闖入了公共領域的視野，開創出嶄新的時空星群[1]。

我們可能更傾向去採用一種人道主義框架，來斷言不論種族、宗教或出身地，每個人的生命都是可悲慟的，並進而去爭取對這種基本平等的接受。我們可能會堅持認為「每個既存的生命都同樣地可悲慟」屬於一種描述性主張。但是，如果我們將其全貌視為描述，反而會嚴重地扭曲了當前現實，有鑑於現實中充斥著根本性的不平等。因此，坦白說我們該採取的或許是一些規範性措施：通過主張每個生命都**必須是**可悲慟的，進而在理論與描述必須發揮作用的時候，為其提

1 見 Douglas Crimp, "Mourning and Militancy," *October* 51, 1989, 3–18；同見 Ann Cvetkovich, "AIDS Activism and the Oral History Archive," *Public Sentiments* 2:1, 2003.

供一種烏托邦式的視野。如果我們想要主張每個生命生來就值得悲慟，並聲稱每個生命都具有自然且先驗的價值，這種描述性主張早已帶有一種規範性——即每條生命都**應該是**可悲慟的——如此一來又衍生出了我們為何還需要描述性主張去進行規範工作的問題。歸根結底，我們必須點出「什麼是」與「什麼應該是」的根本性差異，至少在這類型的辯論中，我們要凸顯這兩者間的區別。畢竟，要在當前的範圍進行理論分析，「所有生命都同樣地可悲慟」這種主張絕對不夠恰當。有鑑於此，讓我們將論述重點從「什麼是」轉至「什麼應該是」，或至少開始付諸行動，才能真正將我們置於一種烏托邦式的視域之中[2]。

再者，當一個人去探討生命可悲慟性的不平等，便也是提出了對可悲慟性之平等的一種理想。這種表述中至少隱含了兩個關鍵的問題。第一，我們必須質問的是：是否真的有辦法去測量或計算一個人受悲慟的程度。要如何確定一個族群比其他族群更值得悲慟？可悲慟性還能有程度之分嗎？可想而知，要建立一套解

2 見 Drucilla Cornell, *The Imaginary Domain*, London: Routledge, 2016 [1995]；同見 Cornelius Castoriadis, *The Imaginary Institution of Society*, Cambridge, MA: MIT Press, 1997.

決這個問題的演算方法，即便結果沒有適得其反，也仍然會令人坐立難安。所以，欲理解「有些人比起他人更可悲慟」此主張（即在特定框架和情況下，某些生命比起其他人被更堅毅地維繫，以免於危險、貧困與死亡）的唯一方法，便是要準確地（以德希達的方式）表示：在特定情況中，生命價值被視為是無法估計的，而在其他情況中則不然；或者，在相同的情況中（如果我們可以辨認出這個情況的參數的話），有些生命的價值被認為是無法估計的，而有些人則必須經過計算。需要經過計算也就意味著：這些生命已經進入了不可悲慟的灰色地帶。「並非每個生命都被視作同樣可悲慟」的這個表述中的第二層含意，意味著我們如今必須修正我們對平等的概念，以將可悲慟性做為一種必須服膺平等主義標準的社會屬性（social attribute）。換言之，如果我們還沒對平等的可悲慟性、或可悲慟性的平等分配進行探討，就無法進一步談論平等。可悲慟性是平等的決定性特徵。那些不認為自己具有可悲慟性的人，也就意味著受不平等所苦——他們在價值上是不平等的。

傅柯與法農論種族的戰爭邏輯

如我在第二章所提到的，當我們說一個生命不可悲慟，我們在談的不僅是已逝的生命。事實上，做為一個可悲慟的生命生存在世，也就意味著這個生命的死去將會受到悲慟。同樣地，也意味著這個生命也會因為本身的價值而受到守護。這種替生命的不平等可悲慟性估價的方法，屬於生命政治的一部分，這也意味著我們始終無法追溯出這種不平等形式的主權決策過程。在傅柯一九七六年「必須保衛社會」（*Society Must Be Defended*）講座的最後一講中，他闡述了十九世紀生命政治領域的興起。當中，我們會發現「生命政治」一語描述了一種將人類做為生者（living beings）的權力操作。與主權權力截然不同，生命政治或生命權力似乎是當時歐洲特有的一種形式。其通過各項技術與方法來控管生與死。對於傅柯而言，這種特殊的權力形式，因為它是以人類做為生者的狀態做為根據，來作用於人身上的——有時他也會把這種生命狀態稱作「生物」（biological）狀態，儘管他沒有告訴我們他是以哪種生物科學的版本做為依據。傅柯將生命政治描述成一種管控族群是否「使其活著」（make live）或該「任其死去」（let die）的權力，這與主權國家那種「任其活著」（let live）或「使其死去」（make die）的權力有所不同[3]。

在傅柯著作提到的許多例子裡，權力並不是從主權中心開始運行的：反之，各種權力機構往往在後主權（post-sovereign）的情境中運作，以生物的方式來管理人口，掌管他們的生命、握有生殺大權。除此之外，這種生命權力的形式還調節著生命的宜居性，從而決定了族群間相對的生命潛力。這種權力形式被記載於死亡率與出生率中，標示出隸屬於生命政治學中的種族主義形式[4]。此外，它也會以「鼓勵生育主義」（pronatalism）與「反墮胎」立場之形式，認為某些類型的生命或生命組織（如胎兒），比其他人（如青少年或成年女性）更應享有特權。

---

3 Michel Foucault, "*Il Faut Défendre la Société*," *Cours au Collège de France (1975–1976)*, Paris: Seuil, 1976, 213. "La souveraineté faisait mourir et laissait vivre. Et voilà que maintenant apparaît un pouvoir que j'appellerais de régularisation, qui consiste, au contraire, à faire vivre et à laisser mourir".

4 對露絲．威爾森．吉爾摩（Ruth Wilson Gilmore）而言，「種族主義特別是指一種國家認可、或法外的產物，當中也會利用族群間的差異脆弱性，來加速死亡。」Ruth Wilson Gilmore, *Golden Gulag: Prisons, Surplus, Crisis, and Opposition* in Globalizing California, Berkeley: University of California Press, 2007, 28.

因此，「反墮胎」的主張導致了不平等，並以這種方式延續並加劇了女性的社會不平等，以及生命間可悲慟性的差異。

對我們來說重要的是，傅柯主張先驗的生命權並不存在——生命權必須在經過確立之後才能行使。比如說，在政治主權的情況下，生命權、甚至是一個人死亡的權利，是只有那些被視作權利主體的人才能擁有的。然而，在生命政治的情況下，生命的「權利」（right）成了更加模糊的概念，因為權力管理的不僅是單一主體，而是**人口**。再者，生命政治的關係與生死問題，和傅柯所謂的「戰爭關係」（relationship of war）有所不同。戰爭邏輯所遵循的的準則是：「如果你想活命，就必須奪取生命，你必須學會殺戮。」[5]他還至少兩度修訂這個基本的戰爭準則，後來就變成了：「為了活命，他人必須死。」在第一個版本中，你自身必須隨時準備進行殺戮，而殺戮是守護自身生命的手段。而在第二個版本，為了活命，他人必須死，但你自己並不一定是那個奪人性命者。這種說法為一些技術

5 英文中的「你」（法文以「on」表示），可以既是單數也是複數，因此使人搞不清戰爭往往是由「守護自我」還是「守護團體」而導致的。Foucault, "*Il Faut Défendre*," 255.

與程序開闢了可能，透過這些技術與程序，好像就可以將生命拋棄或「置於死地」，而沒有**任何人**需要為此承擔責任[6]。

種族（或更正確地說是「國家種族主義」）通過生命政治邏輯的操作而被捲入戰爭的方式，很難在這種觀點中被辨認出來。傅柯主張生命權力與死亡間的關係在某種程度上不盡相同，因此他將生命政治形式從戰爭的觀念中區分出來。他寫道：在生命權力中，「死亡不會猛撲而來」，而生死都是由其他管理與制度邏輯來規範的。然而，死期將至並不意味著一切就完全終結了，儘管有時候傅柯會將其描寫得像是終結，但那只是為了凸顯另一種權力。對他而言，權力與暴力如今變得更不直接、更不引人注目、也沒那麼受國家暴力縝密策劃了。但要將主權權力從生命政治中區分開來並非易事——他會在接下來的講座中指出這點——而我們應該也要小心檢視任何試圖去建立一套整齊的歷史序列、使一段歷史明確地銜接另一段的這種作為。特別是如果這種序列是奠基於歐洲近代史的發展版本，順帶一提，這種版本的歷史並未將過去兩世紀以來，所遭受和發動的各種歐洲戰

6 同上，頁213。

爭納入考慮。

萬一某個生命被認為根本不是活著的，換句話說，萬一它根本沒有被註記成生命，又當如何？如果傅柯能非常明確地主張：只有那些已構成權利主體的人才能握有生命權，生命權對他們而言是一種必要的權利，那我們是否也能主張：只有那些成為了有生命權的主體，才能優先被視為生者的狀態？如傅柯所主張的，如果種族主義是一種「在權力的控制下闖入生命領域」的方法，那麼或許我們不僅能把這種「闖入」視為一種區分物種優劣的方法，還能對有生命與無生命進行劃分[7]。畢竟，一群無生命的人即使被摧毀了，也不會發生什麼事：破壞並不存在，這麼做只是為那些活著的人清除掉一些異樣的障礙物罷了。

傅柯預期政治學領域的評論家會探究他對生命的陳述。而他選擇退出這場辯論，或許是擔心如此一來，會使他在陷入存在於契約、主權和生命政治之前的生

7 對於傅柯而言，種族主義將生命政治視為一種物種間的「間斷」（caesura）或斷裂的構成：「種族主義的第一個功能即是：在生命權力所解決的生物連續體進行分裂、製造間斷。」Michel Foucault, “*Society Must Be Defended*,” trans. David Macey, New York: Picador, 2003, 255.

命主義（vitalism），或對生命的基礎主義解釋之中。[8]「所有這些政治哲學中的辯論，我們都可以先放一旁」，他寫道，「但它清楚地說明了，生命的問題是如何在政治思想的場域內被問題化。」[9]這個問題就不能被置之不理了，但這並不是因為在權力領域之前就存在了關於生命形式的假設。相反地，在我看來，權力早就通過種族主義圖式展開運作了，這種圖式不僅持續地為生命之間的價值、可悲慟性進行區分，還或多或少地為哪些生命被特別註記成「生命」做出分別。唯有當一條生命在圖式之中被呈現為生命，它才有資格被註記為生命。這種認識論上的無效（epistemological nullification）、或對族群的生存特徵之拒斥——可說是種族滅絕認識論（genocidal epistemology）的完美定義——建構了生者的場域，伴隨了會對下述問題產生具體影響的連續體（continuum）：哪些生命值得守護、哪些生命是重要的、哪些生命可以悲慟？

欲探究這個問題，一開始首先要面對的就是這種特殊的「歷史種族圖式」

8 見 Catherine Malabou, "One Life Only: Biological Resistance, Political Resistance," *Critical Inquiry* 42:3, 2016.

9 同上，頁241。

（historic-racial schema），此術語在法農《黑皮膚，白面具》（*Black Skin, White Masks*）書中被廣泛使用，這種圖式做為一種感知和投射形式、一種解釋性的外殼包裹著黑人的身體，並從中對社會否定（social negation）進行編制。事實上，法農也區分了歷史種族圖式（historic-racial schema）與「種族認知圖式」（racial-epidermal shema，這種圖式確立了黑人生命的本質）兩者，但這似乎與法國現象學家梅洛龐蒂（Maurice Merleau-Ponty）的「身體圖式」（corporeal schema）、和可悲慟性的種族主義圖式有著直接關聯。對梅洛龐蒂來說，身體圖式是一種與世界建立身體關係的默契組織，此外，它也是一種通過世界的既有條件來構成自身的操作。而照法農所說，歷史種族圖式則建立於更深的層次上，並且會對梅洛龐蒂所提出的歷史種族圖式之理想造成破壞[10]。歷史種族圖式的構成要素，是由法農所謂的「白人」所提供——白人做為種族主義力量的象徵，它將世界上黑人的身體經驗轉化為「特定的不確定性」（certain uncertainty）。一方面，「第三人

---

10 Frantz Fanon, *Black Skin, White Masks*, New York: Grove, 2008, 91.

稱意識」進入了「第一人稱意識」，因此一個人的感知模式將被另一種意識所激發。誰能看到我所看到的，而我是否只能透過他人之眼來看到自己？另一方面，身體圖式描述了一些透過世界中的元素形塑自身的方式：法農將這種充滿抱負的「圖式」形容為「在時空世界中一種緩慢的自我構成」。他所謂的「白人」，是一個「能把我編織在成千上萬的細節、軼事和故事之中」的強大人物[11]。因此，正如他所寫的，他的重述也被以第三人稱的方式所編寫，而我們也在此看到，自我構成的緩慢鬥爭是通過種族主義的運作來解構身體圖式之後，所出現的產物。自我處於這個世界中的身體經驗層級，當中圖式受到拆解、徵收、棲身、佔領以及解構。

無疑地，法農使用了第一人稱和第三人稱（例如黑人和白人）來闡述何謂圖式。但是歷史種族圖式所涵蓋的範圍比特定人物更廣、更分散。事實上，這種圖式攸關了族群的生存與具體生命，因而也為傅柯對「反黑人」的種族主義與生命

11 同上。

力量的思考提供了重要的補充。這種歷史種族圖式的出現，早於任何世界衛生、饑荒、難民、移民、文化、佔領與其他殖民行為、警察暴力、監禁、死刑、間歇性轟炸與破壞、戰爭，以及種族滅絕的政策，並因此為它們提供了依據。儘管傅柯在講座的尾聲，點出了「國家種族主義」做為一種管理人口生死的主要手段這一事實，然而他卻沒有明確告訴我們種族主義是如何樹立不同生命之間的相對價值。這當然就意味著：某些族群被主權權力模式給針對，被生命權力精心策劃了一場「任其死去」的戲碼，但我們又要如何解釋這種區分誰的生命重要、誰的不重要進行的方式？若我們將種族化（racialization）視為一種通過對誰的生命重要與否的感知，來體現種族圖式的過程[12]，那麼我們可以接著問：這種感知的區分模式何以滲透到針對目標族群和監禁者的軍事與政策爭論之中？而它又是如何成為被全盤接受的一系列預設（種族圖式），運行於我們對暴力與非暴力的辯論之

12 見 Michael Omi and Howard Winant, *Racial Formation in the United States*, 3rd ed., London: Routledge, 2015；以及 Karim Murji and John Solomos, eds., *Racialization: Studies in Theory and Practice*, Oxford, UK: Oxford University Press, 2005.

中？

在「必須保衛社會」講座的尾聲，傅柯提出了岌岌可危的人口或被拋棄者，其為何無法成為權力主體的一種可能性，而為了要對他們有所認識——換句話說，認識他們在政治場域中是如何被構成的——我們需要一套能取代主權模式的方法。這種論述為國家暴力、行動者模式（modes of agency），以及從既非個體也非集體主體的族群中所湧現的反抗力的相關思考，提供了一種新方向，然而可惜的是，傅柯最終並沒有選擇這條路[13]。

或許那些被遺棄的項目也有可能復興：如傅柯所主張的，在主權權力之下，一個主體唯有在身為一個具有權利（rights-bearing）的主體時，才擁有生命權；而在生命權力的情形下，一個族群唯有在被註記為潛在地具有可悲慟性的條件時，才能享有生命權。在我的論述中，我引法農之言來對傅柯的理論做出補充，當中攸關了種族圖式是如何進入何謂生存的種族形象（racial figurations），以及

13 見 Kim Su Rasmussen, "Foucault's Genealogy of Racism," *Theory, Culture, and Society* 28:5, 2011, 34–51；以及 Ann Stoler, *Race and the Education of Desire*, Durham, NC: Duke University Press, 1995.

去告知人口統計誰可悲慟而誰無法、誰的生命值得守護、而誰又該被剷除或任其死去的種族幻象。當然，可悲慟性是一個龐大的連續體，而族群可能在某種情況下受到悲慟，而在另一種情境中不被註記；某些悲慟的模式可能會受到認可，某些則會被排除、或變得難以辨識。而且同樣地，分配生命價值的主導圖式必須仰仗可悲慟性的調配，不論其度量方式是否曾被命名。

使「這（曾）是個生命」或「這些（曾）是生命」等主張成為可能的歷史種族圖式，與那些評估生命價值的必要模式之可能性緊密相連：諸如紀念、維繫、認可和守護生命（「這是一個值得活著、值得守護的生命」以及「這些生命應該被賦予生存條件，且應該被註記成為生命」）。種族主義的幻象亦是種族圖式的一部分[14]。我們可以看到它做為一種由感人圖像中成形的思考方式，是如何運作並參與了「否決性命垂危者之生命權」的考慮過程（即種族主義的幻象是如何在可悲慟性的衡量指標中運作的）。它的運作方式，舉二〇一四年美國艾力克・賈

14 種族表皮圖式（racial-epidermal shema）與歷史種族圖式都在這種幻象式中起作用。將本質歸因於種族少數，不僅可以做為否定其生命價值的一種方式，還會預先否定了將這種生命視為生命的可能性。

納（Eric Garner）的案件為例，賈納受到警方鎖喉制伏，我們可以聽見他喊著無法呼吸、也能看到他確實無法呼吸了，在場的每個人都確認他熬不過警方長時間的鎖喉，但在他的呼喊之下，鎖喉的力道卻加強了，變成束縛、絞殺、終致謀殺。那位使勁而導致這場死亡的警員，是否真的覺得這位垂死之人會攻擊他、警察自身的生命會受到威脅？或只是因為這個生命不被視為、或從未是條生命，不符合種族圖式的生命規範，因此可以被輕易扼殺。就因為他並未被註記為可悲慟、值得守護的生命？或是當二〇一五年南卡羅萊納州的華特．史考特（Walter Scott）背對著警察、手無寸鐵、明顯受驚、並朝著警察的反方向拔腿狂奔時——他是如何被幻象式地轉化成一個必須殺死的危險人物？也許警察在做出決定或行動的當下，是出於一種種族戰爭邏輯：警察認為他們自己的生命（而不是他人的生命）正受到威脅。也許這單純只是生命政治裝置（apparatus）——一種管理生命生死的方式——中的暴力時刻。在這種情況下，黑人僅僅是在那兒，能輕易地被殺死，結果就真被殺了，就好比他是獵物、而警察是獵人一樣。或試想殺害了崔文．馬丁（Trayvon Martin）的喬治．齊默曼（George Zimmerman）最後卻被無罪釋放[15]，但在同個地區的非裔女性瑪麗莎・亞歷山大（Marissa Alexander），卻因試圖捍衛自己免受性侵害，而被判處二十年有期徒刑[16]。

那麼，當毫無武裝的黑人男性或女性、酷兒與跨性別者，背對著警方準備離去或跑走，卻仍被警方射倒在地——而這樣的行動往往在事後被以自衛、甚至是保衛社會來辯護——我們又該怎麼理解這種情況？難道警方會把這種掉頭離去或跑走的行動，當作一種攻擊的徵兆嗎？那位決定開槍、或下意識地發現自己已經開槍的警察，可能有經過慎重考慮，也可能沒有，無論如何，一種幻象似乎攫住了他的思維過程，將對象與其動作給扭曲了，於是他便希望能先行合理化接下來可能採取的任何致命行動。警察即將採取暴力，然後犯下暴力，這些暴力以種族化的鬼魂之姿，往自身的方向走去，它凝聚並反轉了自身的攻擊，對自身發動侵略，在他做出行動之前就搶先一步採取行動，合理化他隨後的自衛主張並替其鋪

15 編註：崔文・馬丁為一名非裔美國人，二〇一二年時，年僅十七歲的他在佛羅里達州一個社區步行，卻遭到身為守望相助隊的白人喬治・齊默曼懷疑意圖不軌，兩人進而衝突，最後馬丁遭到齊默曼槍殺。事後，一個全由女性、不包含黑人組成的陪審團判決齊默曼無罪，因而引發極大爭議。

16 編註：瑪麗莎・亞歷山大於二〇一二年時，因為遭丈夫威脅殺害而開槍示警，事後卻遭判刑。

陳，猶如一場夢境。

當然，我們必須將這種暴力框架的範圍擴大，將針對種族和性別的暴力形式一併涵蓋，才能揭露那些往往發生於不同場景、不同事件序列、和不同結果中針對黑人婦女的暴力。在二〇一五年七月由金伯利・威廉斯・肖倫克（Kimberlé Williams Crenshaw）與安德莉雅・芮姬（Andrea Ritchie）領銜，並由「交織性與社會政策研究中心」（Center on Intersectionality and Social Policy Studies）所出版的〈說出她的名字：反抗針對黑人婦女的警察暴行〉（Say Her Name: Resisting Police Brutality against Black Women）報告中，清楚指出：媒體對美國警方針對黑人的暴力所做的描述，幾乎都是以黑人男性為例，從而確立了這些理解反黑人種族主義和警察暴行的主要框架，都是在侷限的性別框架下運作[17]。肖倫克對「性別包容的種族正義」提出訴求，並自發地使大眾關注黑人女性被過度控管且未受保護的方式，以及她們的傷亡是如何地不被完整記載或註記，即便是在那些反抗

17 African American Policy Forum, "#SayHerName: Resisting Police Brutality against Black Women," AAPF official website, aapf.org.

警察暴力的社會運動中亦是如此[18]。

要將這項問題搬上檯面，我們必須對黑人女性在遇到警方後可能面臨的各種死亡方式進行思考，不論是在街上、家中、或是被拘留的過程裡。有些女性僅因交通違規被攔下，最終卻遭到擊斃命運：二〇一四年在沙加緬度的女性加布麗雅・內瓦雷斯（Gabriella Nevarez）、二〇一二年在布魯克林的珊特爾・戴維斯（Shantel Davis）、二〇一二年俄亥俄州的梅麗莎・威廉斯（Malissa Williams）、或一九九九年在芝加哥的拉坦雅・哈格蒂（LaTanya Haggerty）即是例子。接著，在二〇一五年七月，珊卓・布蘭德（Sandra Bland）因在換車道時未打方向燈遭捕，並因被指控攻擊而關押至德州沃勒縣（Waller County）的監獄，直到三天後才被發現她死在牢房中。直至今日，我們仍無法確定這是一起自殺還是謀殺。同樣值得一提的是黑人女性在警方被要求介入家庭糾紛時遭到殺害的人數——警察經常聲稱那些女性當下表現出攻擊性、或揮舞著刀子，是真是假都有可能，但在一些

18 Kimberlé Williams Crenshaw, "From Private Violence to Mass Incarceration," *UCLA Law Review* 59, 2012, 1418.

例子中，情況似乎更像是因為她們不願服從警方的命令，才導致被射殺的命運。然而奪取性命的方式也不止於直接殺戮：例如二〇一四年時，由於求助醫生治療哮喘的請求未獲回音，盛尼克・波克特（Sheneque Proctor）死於阿拉巴馬州貝瑟默縣（Besseme County）的牢房中。在過度管控之下，黑人女性經常被形塑為具有攻擊性、危險、失控或運毒者（drug mule）；在未受保護之下，她們的求救往往遭到忽視或訕笑，當她們求助於藥物或精神治療時也是如此。

當代歐洲種族主義或許採取了不同的形式，但那些為了阻止移民到歐洲所做的努力，也部分根植在欲使歐洲保持白淨、維繫這種「純種」國籍想像的渴望。即使歐洲從未完全是白人國度，這也一點都不重要，因為「歐洲純白」的概念僅是一種幻想，這種幻想試圖透過犧牲那些生存在北非、土耳其和中東地區的族群來實現自身。若我們持續跟進傅柯的生命權力論述，並將其與阿席勒・艾穆班布（Achille Mbembe）的「死亡政治」（necropolitics）一併參照[19]，便能以分析性

19 Achille Mbembe, "Necropolitics," *Public Culture* 15:1, 2003, 11–40；另見 *Necropolitics*, Durham, NC: Duke University Press, 2019.

的角度看待那些會再現可悲慟性度量標準的政策。成千上萬名在地中海喪命的移民，即是那些被視為不值得維繫的生命。那些水域隨時都因為貿易與航海安全而被監控著，且往往是小區覆蓋（cell coverage）區域。那麼，為了置那些移民於死地，又有多少個國家將責任給推卸了？即使我們可以追究那些不向遇險船隻伸出援手的人、或歐洲政府在此事上的職責，但我們卻難以掌握更大層面的政策，這些政策是如何任這些族群死去、寧願讓他們死也不願放他們進門？一方面，這些都是決策，我們可以追查出是誰該為此負責；另一方面，可悲慟性的度量準則是在這些決策之前就建立了，進而使得移民打從一開始就不可悲慟。我們無法失去那些無法被悲慟的人。他們被認為無法失去、早已逝去，或從來就沒被賦予生命之名。

所有這些奪取生命、或任人死去的形式，不僅是這種可悲慟性度量標準運作方式的具體例證；這些形式還有權去決定和分配生命的可悲慟性與價值。這些例證體現了這種度量標準本身，以及其技術與應用層面的具體操作。在這些例證之中，我們可以看到歷史種族圖式的生命政治邏輯，與斷絕社會紐帶的幻象式倒置兩者間的融合：其可能是一種單獨的暴力行為、一種將自身視作某種模式的個體精神病理學（individual psychopathology）、一種暴力的**重複實踐**（reiterated practice）按時上演的時刻。這種實踐仰賴並鞏固了種族圖式，當中，攻擊行為通過幻象式倒置的邏輯被合理化，不僅以潛在防衛的形式運作，還有效地將謀殺道德化——在這種種族圖式中，那些未能在可悲慟的感知領域被註記的移民們，他們的生存狀態早就被抹煞了，因為打從一開始，這樣的生命就不值得維繫，也未被標誌為一條生命。

法律的暴力：班雅明、考佛、巴里巴

我們可能會得出以下結論：在這樣的情況下，需要訴諸一種更有力和更公正的法律。然而，認為應該要透過法律而非暴力來解決衝突的這種想法，乃是假定了法律本身不會揮舞著暴力的旗幟、也不會使犯罪暴力倍增。即便從法外的暴力衝突過渡到法律規範，我們也無法欣然認同暴力已經被戰勝。誠如我們所知，那些法西斯主義和種族主義的合法政權就能立刻駁斥這種觀點，因為這些政權也有自己的法律規範——一種從法外的角度來看會被稱為「不公」的法律。我們可以說這些例子只是惡法，或說這些政權給出的不能算是真正的法律，然後再對何謂法律給出規定；但是，這種說法並沒有解釋法律之合理約束特性是否需要並催生了強制，或強制與暴力是否能夠區別。如果答案是否定的，那麼從法外衝突場域到法律場域的過渡，就等同於從一種暴力轉變為另一種暴力。

為了推翻與反抗「法律建立了基於自由的公民關係、而戰爭建立了壓迫的行為狀況」這種觀念，班雅明將合法政權核心的壓迫明確視為一種「暴力」（德文：Gewalt），其不僅在於懲罰和約束的力量，也在於法律本身的制定和施行方面。不意外地，他的論文〈暴力批判〉往往被認為是以神聖權力的形象作結，被理解為純粹破壞性的無政府主義。然而，該文中對傳統自然法與實證法皆進行了思考，也凸顯了這兩者的侷限。在一開頭，他所做的這種批判被描述為「哲學歷史性」（philosophic-historical）的，也意味著他試圖去理解某些正當化模式（modes of justification），是何以成為法律及其力量的一部分。他特別關注當暴力被放置於所謂傳統法律概念之中進行辯論時，往往都被以「手段」來思考的這項事實。自然法理論家會問：暴力是否能服務於一種「正義目的」（just end），並訴諸一種早已被確立的正義觀。實證主義者則會聲稱：要跳脫法律系統的術語，來對目的進行合理化，這是不可能的，因為法律就是我們正義觀的泉源。不論是哪種說法，首先都要通過以下問題來處理暴力議題：是什麼合理化暴力、在哪種目的中暴力會被合理化？這也留下了一個疑問，即我們是否能夠從用來理解暴力辯護策略的這種途徑中跳脫出來，去理解暴力？這種途徑事先預想出對象，那麼我們又該如何做，才能跳脫那些策略以理解暴力？而如果那些策略將法律系統和政權的暴力合理化，並將其與一切反暴力形式（它們被視作不合理）做出區分，那麼我們必須在多大程度上摒棄這些合理化模式，才能看清整體情勢？在這種模式中，國家和法律力量將自身的暴力以「正當強制」的名義合理化，並將任何形式的反暴力指為不可接受的暴力。

事實上，班雅明在其論文中，提出了三種彼此相關的暴力形式：他對「法律設立」（德文：rechtsetzend）之暴力、「法律維護」（德文：rechtserhaltend）之暴力、以及隨後介紹的「神聖暴力」（德文：göttliche Gewalt）進行區分。一般而言，維護法律的暴力是由法院、事實上也是由警察所行使，它代表著那些為了主張和施行現有法律，所進行的重述與制度化的努力，為的是要維持法律在管理人口上的約束力。設立法律的暴力攸關了新法的制定，在政體形成時所建立的法律即是一例。對班雅明而言，自然狀態下的任何協商都不會產生出法律；法律是在懲報（retribution）或權力行使的過程中形成的。事實上，法律的制定可說是軍隊或警察在採取強制措施，來掌控被認為不守規矩、或具有威脅性的族群時，所行使的一種特權。在他的觀念中，他把根據行為所制定出的法律是視為一種「命運」的傑作。以這種方式所制定出的法律，既未被任何先前的法律所認證過，也未訴諸理性辯論或合理目的來獲得認證。相反地，正當化法律的機制總是晚於法律本身的出現。因此，法律並不會隨著時間被有機地形成，既有的習俗或規範並未被編纂成法。相反地，要制定法律，首先必須創造條件，以便進行正當化程序，以及審議什麼是正當的行動。換言之，法律是一種暗指或明示的框架，在這種框架中，不僅能使我們思考暴力是否能做為實現給定目的的正當手段，還能省思被賦予的力量是否應該被形容為「暴力」的問題。一旦法律機制被建立，即意味著正當化的策略與命名實踐也被確立了。事實上，這是通過命令的方式來達成，而也意味了「立法暴力」的一部分。事實上，設立法律的暴力源自於具有約束力的命令：「這將成為法律」，或「現行法律就是這樣」。法律制度的連續性以對法律之約束特性的重申做為必要條件，並且在警察或軍事強權樹立法律的範圍內，它們不僅重述了「起手式」的重要性（比如：「這將成為法律」），也對法律進行維護。儘管班雅明把設立法律之暴力與維護法律之暴力描述為不同的兩者，這兩種形式卻被警察同時使用著，這也意味著法律的約束力唯有經過一次又一次的聲明後，才得以被維繫。因此，法律乃是仰仗警察或軍事力量去主張和維繫的。

班雅明試圖從法律層面來描述這種暴力運作，他希望能確立一種對法律暴力的批判性立場。儘管許多讀者會直接快轉到他在論文最後對「神聖暴力」的祈願，但這在很大程度上是一種誤讀，若直接往最具煽動性的部分邁進，往往會忽略文本之中為非暴力命題開闢新的可能性的部分。事實上，班雅明在文本中唯一明確指出「非暴力」之處，是在他談論「非暴力的衝突解決辦法」（nonviolent conflict resolution）時，其以一種「民事管理技術」（technique of civil governance）的形式出現。值得重視的是，這種技術並不是為了實現目的而設計的手段。非暴力不是一種達成目標的手段，也不是以本身為目的。反之，它是超越工具主義邏輯與任何目的論發展策略的一門技術——是一種不受管控、也可以說是無法管控的技術。它是持續進行的、開放的，也因此班雅明將其稱作一種「純粹手段」——這是他給這個不斷發展的批評概念所起的另一個名字，認為其做為一種思考與理解的積極模式，不受工具與目的論邏輯所束縛。理論上，假如班雅明試圖探究那些由合法暴力所建立，並服膺於某些目標的辯護策略的侷限性，那麼解決衝突的技術，就是一種能擺脫這種邏輯，從暴力中脫身、並制定出非暴力方案的實踐。

班雅明反駁霍布斯主義將契約理解為一種解決「自然」（先於法律）的暴力衝突方法的觀點，他在〈暴力批判〉中堅持認為：「完全非暴力的衝突解決辦法，是絕對不會導致法律契約（legal contract）出現的。」因為對他而言，契約的出現就意味著法律暴力的萌芽[20]。隨後他在文中進一步說：「有這麼一個人類達成協議的非暴力領域，暴力完全無法觸碰它，此即『理解』的適當領域——語言。」[21]這種「語言」的說明，似乎既是「理解」、又是「非暴力」的同義詞？它又如何闡述班雅明對「神聖暴力」這種似乎極具破壞性（如果有的話）的暴力之論述？

大約在同一時期，班雅明於一九二一年所寫下的〈譯者天職〉（**The Task of the Translator**）似乎也在這裡被間接引述。在該文中，班雅明對「暴力」與「非暴力」隻字未提，但他彰顯了翻譯對於增強和擴大交流性這方面的力量，主張其能改善溝通上的僵局[22]。如此看來，翻譯是否與解決衝突的技術有關？首先，翻譯試圖克服由自然或感官性語言所導致的「不可溝通」（**non-communicability**）狀況。再者，將一個文本翻譯成另一個文本，有助於發展和更進一步地實現理想

20 Walter Benjamin, "Critique of Violence," in *Walter Benjamin: Selected Writings*, Volume 1: 1913–1926, eds. Marcus Bullock and Michael W. Jennings, Cambridge, MA: Harvard University Press, 2004, 243。

21 同上，頁 245、248。

22 Benjamin, "The Task of the Translator," in *Walter Benjamin: Selected Writings*, Volume 1, 260–62。另見 "On the Program of the Coming Philosophy" (1918) in *Selected Writings*, Volume 1, where the continuous development of communicability conditions the relation between philosophy and religion (100–13).

的語言本質：「這樣的語言」克服了溝通中的僵局與失敗，以及無法實現的交流。在他一九六一年的論文〈論語言本身與人的語言〉（On Language as Such and the Languages of Man）中，班雅明堅信「神聖之名」（the divine name）超越了溝通的僵局，他特別將其稱為「純文字的神聖無限性」（the divine infinity of the pure word）[23]。接著，在〈譯者天職〉中，貫穿所有語言的無意義「意圖」（intention）被稱為「神聖語詞」（divine word）。這並不代表有個神聖的存在在說話，使所有既存語言都可以被翻譯。相反地，在他的觀點裡，從一開始就有一種「法則支配著翻譯」，而「翻譯……最終服膺於表達語言之間最深層關係的目的。」[24]的確，翻譯是繼巴別塔之後令人進退兩難的命題，但班雅明對翻譯的觀點延續了巴別塔的夢想。它將翻譯的志業，與對曾經陷入僵局甚至衝突之處所進行的深入理解給聯繫在一起。透過這種方式，我們會發現強調非司法性的法律，或者支配翻譯的法則，都和非暴力的法外領域產生共鳴：那些「在契約之前」或「契約之外」

23 Benjamin, "On Language as Such," in *Walter Benjamin: Selected Writings*, Volume 1, 69.

24 Benjamin, "Task of the Translator," 255.

持續進行的衝突解決技術。

對班雅明而言，翻譯是由一個語言與另一者之間的相互活動所構成，並在這種交換的過程中改變了目標語言。這種翻譯會相互活動，相互交流的語言間會發生改變、強化、擴張，通過部分地實現穿梭於所有語言間非感知的「意圖」，來擴大可交流性自身的範疇。意圖本身無法被實現，同樣地，它也持續運行著。這種擴大和增強可交流性的理想，與他在〈暴力批判〉中提到語言是種「暴力完全無法觸及的協議領域」非常相似[25]。另一方面，這種被形容為「持續解決衝突的模式」的民事管理技術，同樣仰賴語言——可翻譯性的潛在構成，不僅存在於語言之間，還存在於語言內部相互衝突之處。每種語言內部都具有對外國語言的開放性，即一種能被外部接觸與改變的開放性。

對語言和翻譯的強調反映出偉大理想主義的時刻，也許這是一種語言上的理想主義，亦可能以含糊不明的方式使用了宗教人物的神聖語言——順帶一提，這

25 Benjamin, "Critique of Violence," 245.

種被形容為「神聖」的話語，背後並無任何有關上帝的暗示。如果有任何神聖之處，似乎只反映在形容詞本身的使用上。在翻譯的複雜過程中所開展出的神聖語言，以及〈暴力批判〉中所謂的「神聖暴力」之間，具有什麼樣的連結？我們能否找出神聖暴力與班雅明用以省思解決衝突的民事技巧之情景兩者間的關聯？後者被明確地形容為「非暴力」。有鑑於在〈暴力批判〉文中，將語言視為非暴力領域的那些段落，按理來說，神聖暴力是否能被以非暴力重新命名？

我認為神聖暴力可能與這種「非暴力」民事管理技術有極大關聯，儘管這種說法不太受歡迎，因為在該文結局處又預示出另一種暴力。然而，這篇文章的閱讀關鍵，是存於括號中心的內容：班雅明在〈暴力批判〉將這種增強的、或許是無限的理解模式闡述為「衝突解決方案」，這種方案或許是從他早期所談到的對語言和翻譯的反思而來，且很可能成為這種語言潛力的復興。如果這種非暴力技術將管控我們理解暴力的法律框架給懸置了，那麼或許這種對法律暴力的「懸置」就正是他所想傳達的「神聖暴力」。這是一種對待法律暴力的暴力，它揭發出法律暴力的致命操作，且在公民社會中建立了一套持續性的替代技術，其將不再需要由法律管束。

班雅明透過以各種方式使用「暴力」一詞，並將一種「非暴力技術」冠上暴力之名，將焦點指向了這種技術在否定或懸置法律的總體框架之力量。他也展示了一種重新塑造「暴力」一詞的可能性，暗示了那些抗議暴力被合法壟斷的活動，往往被以暴力命名的事實。當「罷工」被視為一種潛在的革命力量時，它便以一種普遍形式，拒法律制度的約束力於千里之外，因此與這種「神聖暴力」產生結盟。神聖暴力很可能是「破壞性的」，僅因為它會破壞那些充斥罪惡的紐帶，而那些紐帶確保好市民、好的法律主體，都會效忠於暴力的法律制度。在破壞法律暴力時，神聖暴力（我們如今應通過非暴力衝突解決方案和翻譯來思考它）確立了法外交流的可能性，這種交流雖涉及暴力，但本身是非暴力的。從特定觀點來看，法外交流被視為「非暴力」，儘管從法律制度的角度而言，它是暴力的。

班雅明的觀點被法律學者羅伯特．考佛（Robert Cover）所採納，考佛主要關注法律詮釋行為本身所附帶的暴力。他主張：「即使在最常規的法律行為中，法律詮釋與施加痛苦，這兩者間的關係仍然持續運行。」[26]這或許在審判行為中最為明顯，其屬於一種具有監禁某人生命、或甚至奪取他／她人生命的言語行為。當法官在詮釋法律時——而審判是替法官得出的詮釋進行發聲——法官便採取了行動、提出合理的懲罰，接著警察與獄警便會介入，他們將進行管束、傷害、渲染絕望、殺戮，或致命地遺棄犯人。因此，言語行為與其他種種行為脫不了關係。它是暴力程序的開端，也因此很顯然是種暴力行為。在主張「法律詮釋是一種紐帶詮釋之形式」後，考佛又提出了一項爭議性的主張：「若人們消失了、若他們在獄中沒經過任何儀式就毫無預警地死去，而沒有任何明確解釋其死亡的理由與授權，那我們既無法從憲法上找到對於這樣的行動核心的解釋，而這種行為、這種死亡，也不存在於憲法的核心。」[27]然而，如果死於獄中的狀況原本應能被禁止，只是法律沒有採取必要步驟，又該如何？對於那些有可能死於獄中的

26 Robert M. Cover, "Violence and the Word," *Yale Law School Faculty Scholarship Series*, paper 2708, 1986, digitalcommons.law.yale.edu, 1607.

27 同上，頁 1624。

人來說，當他們想獲得生存所需的援助和資源時，是否缺乏憲法保障？換句話說，如果監獄處理死亡的方法不僅是通過死刑，還或多或少地通過系統性的形式來忽視某些生命，那似乎顯示了許多義務性的法律保障並沒有被兌現，即便這攸關憲法明文保障的權利。的確，監獄負責（緩慢或快速地）處理死亡，但也管理生命，因此採用了一種貶低生命價值的方式來維繫身體。再次從這個意義上而言，可悲慟性的流失構成了這些生命的特徵，也顯然構成了某部分的不公與不平等對待。我們或許會反對：一定存在一些基本的生命法律保障，會維繫在監獄、在邊境、在海上被放任死亡者的生命——一定有能使人獲得生存所需的幫助和資源的法律權利吧？

考佛堅稱法官也通過他們的詮釋性行動（包括言語行為）參與了暴力；在他看來，無論法官們是如何認為自己的工作離監獄的陰暗現實有多麼遙遠，他們也是相同暴力系統中的一員。他總結這種暴力應該被以合理的方式接受並組織。他提出「要使這種暴力安全而有效，就必須分擔暴力責任」，且「許多參與者」必須共同投入這項行動。因此從根本上而言，他區分了公正與不公的暴力法律制度。以此觀之，暴力不應該是隨機的，也不應該只由一個參與者定奪。

考佛對於人們如何看待法官的行為很感興趣，但他將其觀點延伸至我們對暴力如何支撐法律制度這一點上。我們不可能脫離毫無法紀的暴力世界，進入一個沒有暴力的法治世界。法律暴力始終在那兒，不僅存在於與懲戒和監禁相互連動的審判實踐中，還存在於法律的約束特質中。法律對我們做出告誡與禁止，通過這麼做，它便引發出法律暴力的威脅：如果我們未能守法，法律將制裁我們。考佛不接受對強制（coercion）與暴力進行隨意的劃分，認為前者正當、而後者是不合理的。相反地，在他看來，法律暴力的形式只有較好與較壞的區別。

考佛坦然面對法律中的暴力，並接受我們不能沒有暴力的事實，即便我們必須在其較好和較壞的形式之間做出判斷，因為生活於法律條文之下已是一種必然。對班雅明而言，這個問題更加深層。如果無法立即調用能有效指派意義的命名框架，就無法去命名暴力行為與非暴力行為。這似乎是一種相對主義的形式（你所謂的暴力，在我看來不叫暴力，諸如此類），但事實上又不是如此。在班雅明看來，法律暴力會常態性地將自身的暴力特質重新命名為「正當強制」或「合法力量」，從而洗白其暴力風險。

一旦理解如「暴力」與「非暴力」這些詞彙的定義，會依據所在的框架產生變動後，班雅明對諸如「暴力」與「非暴力」一詞所引發的狀況進行了記錄。他指出：試圖壟斷暴力的法律制度，必然會將針對該制度的所有威脅或挑戰冠上「暴力」的形容。因此，他可以重新將自身暴力命名為必要或義務性的力量，甚至是正當強制，有鑑於它又通過法律、以法律的方式運作，因此它既合法也正當。

在這一點上，我們可以看到對班雅明而言，那些所謂的「批判」，即對正當性策略的產生與自我驗證過程的質問，從試圖壓制反對聲浪的當權者角度而言，將很輕易地就會被視為「暴力」。事實上，對班雅明而言，任何會對樹立正當化策略的法律暴力框架提出質疑的詢問、聲明、行動本身，都將被視為「暴力」，而反對這種基本形式的詢問，將被理解成為了遏制和廢除對法治產生的威脅，所做出的合法努力。因此，班雅明一方面提供我們一種能揭穿虛假指控的方式，即從定義上而言，任何與法律制度有決定性關係的，都是一種暴力，即便是為了追求非暴力手段。另一方面，批評的立場無法接受任何建立於法律框架內的辯護策略，且它的主要目的似乎是對法律制度進行破壞。

要理解這種以革命性地突破法律暴力做為特徵的顛覆動力學（dynamic of reversal），並不一定得揭示神聖暴力的運作原理。巴里巴在《暴力與公民性》（*Violence and Civility*）中提供了我們一個極佳的框架，有助於掌握我們持續在追蹤的暴力雙重性（duality）[28]。巴里巴把我們所謂的框架「波盪」（oscillation）描述為一種暴力何以被轉化為另一種暴力的永恆過程。巴里巴所擁戴的並不是非暴力政治，而是**反暴力**（anti-violence）政治。他的論點是：霍布斯所描述的自然狀態中的暴力狀況，是一種在「男性」之中發生的社會暴力形式。然而對於霍布斯而言，自然狀態下男性間的平等往往都飽受暴力折磨，並形成了一場人與人間相互對立的戰爭。主權的調派旨在結束那些好戰關係，但這往往只能通過將民族（nation）定位為一種新的共同體形式來達成。民族國家將自身的主權暴力行使於「前民族」（pre-national）共同體（所謂自然狀態下的男性共同體）的「原始」

28 Étienne *Balibar, Violence and Civility: On the Limits of Political Philosophy*, New York: Columbia University Press, 2016.

（primitive）暴力之上。因此，一種暴力被另一種暴力給遏止，且似乎沒有方法能跳脫這種循環，或這種政治節奏（political rhythm），在這種節奏中，國家暴力壓制了另一種暴力，暴力該被稱作「主流」（popular）或「犯罪」往往取決於其觀看角度，根據其框架，只有在特定時候，暴力才會由被視為合法、亦或危害國家綱紀的「人民起義」所檢視。巴里巴寫道：「我們可以肯定的是，霍布斯本人絕對不可能有意識地認同主權國家對暴力鎮壓所做的矛盾詮釋。」因為這種主權權力由一種「對自然法原則的合理應用」所構成[29]。但巴里巴指出：「這種理論將法律的壓迫形式跟國家聯繫在一起，因為『自然的』（某種意義上也是不受限制的）暴力會潛伏在公民社會中的一切衝突背後。」[30]巴里巴接著表示，對於黑格爾而言，「國家傾向於實現暴力的**轉變**（conversion），並通過實現這種歷史上的轉變來達成內部目標。」[31]他進一步發現：「通過它所產生的轉變，暴力將

29 同上，頁31。
30 同上，頁32。
31 同上，頁33。

自身轉化為另一個暴力：暴力成了權力和權威。」[32]對於漢娜・鄂蘭（Hannah Arendt）而言，權力與暴力間有著鮮明的區別，因此她肯定會反對這種表述，但我們仍不清楚她是否會對法律暴力問題做出充分回應，無論是以班雅明或霍布斯的方式[33]。

從巴里巴的分析中，我們所得到的初步結論是：暴力總是會出現兩次，儘管我們仍不清楚在哪些情況下，「暴力」（violence）或「力量」（force）哪個才是暴力（德文：Gewalt）的正確翻譯。而這種轉變（或我常說的「波盪」〔oscillation〕）屬於暴力的內部邏輯，它在權力與權威的行使之下，試圖去遏止或驅逐「自然」或法外暴力。有鑑於此，暴力的命名、使用，以及所經歷的反轉，都是十分重要的軌跡，因為這些形式是動態的（即便不是辯證的）：一種形式被轉化成另一種形式，而在轉變過程中，名稱往往會發生改變與反轉。因此，我們無法簡單地從暴力的定義開始談起，然後探討暴力在什麼條件下是合理的這種問

32 同上，頁34。
33 Hannah Arendt, "On Violence," in *Crises of the Republic*, San Diego: Harcourt, 1972.

題，因為我們必須首先解決的是：是哪種框架通過怎樣的消除、又出於什麼目的去為暴力命名。因此，當務之急是要追蹤暴力試圖將抵制它的力量冠上「暴力」形容的操作模式，以及法律制度的暴力特質是如何被揭露的，當中包括強制剷除異己、懲罰拒絕剝削契約條款的工人、隔離少數族裔、監禁其批評者，以及驅逐其潛在的敵人。

雖然我不完全認同班雅明的無政府主義結論，但我同意他的論點，即我們不能簡單地預設暴力的定義，然後在尚未嚴格檢視暴力是如何被限制、以及哪種版本的暴力被用於該論辯中的前提下，就著手展開對合理性的道德辯論。在這種辯論中，一種批判性的程序也會被用來探究合理性策略的運作，包括其歷史根源、預設前提以及止贖權（foreclosure）。我們之所以不能在一開始就聲稱什麼類型的暴力是合理的、而什麼不是，是因為「暴力」的定義打從一開始就是特定框架所賦予的，因此當它到了我們面前時，永遠都是以被框架詮釋、「整飭」（worked over）後的樣子出現。我們很難去支持或反對那些極其難以定義、或以我們無法解釋的衝突方式出現的事物。這種歷史性的整飭被凝結在一種話語框架中，「暴力」顯現於其中，而法律暴力（可能還要加上暴力的制度形式）通常會被排除在這種框架之外。如果有人拒絕回答哪種暴力該被正當化、而哪種不該的問題，是因為他希望使人注意到構成這個問題背後受限的合理性策略，這也使他擔負了不被理解的風險，而且（可能）會使他被視為是危險人物、甚至是一種威脅。因此，針對法律命令的正當立場所做出的激進批判性質疑，會被視作一種「暴行」；然而，這種指控會對批判性思維進行壓迫，並以合法化現行法律做為最終的目標。

在此所述的「暴力」，是否指的是那些為了破壞和摧毀現行法律暴力機構所付出的努力？若是如此，它就不見得是用來描述一系列的行動、並為其估價的方式，在這種情況下，「暴力」是否可以用來貼切描述任何質疑、行動或不行動，就不是那麼重要的事了。事實上，這種價值評估的出現早於描述，並會對描述做出限制（這並不意味著沒有指稱對象，只是意味著這種指稱功能要取決於能使之變得「可知」的框架）。不管被稱為「暴力」的是什麼，只要從定義框架中的特有視角觀之，它們都會成為「暴力」的，然而這些框架之間也彼此互相定義著，也能跟抑制與反對的策略一同進行分析。此處的暴力並不僅限於身體形式，儘管它經常以這種形式出現。甚至連身體暴力也隸屬於種族、性別和性暴力這種更大的結構，如果我們犧牲掉更大的結構，僅關注對身體的傷害，恐怕就無法對語言、情感、制度和經濟上的暴力進行解釋——這些暴力類型不採取實質傷害的形式，卻能對生命產生破壞，並將其暴露於危險或死亡之下。同時，如果我們立刻從物理攻擊中抽離出來，就無法理解威脅、危害、傷害的具體特徵。結構性暴力對身體造成傷害、侵蝕身體、解構（deconstitution）肉體的存在。如果灌溉系統遭到破壞，或人群因病遭棄，難道這些不也應被理解成暴力的操作嗎？那鎖喉制伏和強行拘留又當如何？單獨監禁呢？制度暴力呢？拷打呢[34]？物理傷害的圖像無法對暴力做出全面描述，事實上，也沒有任何一種圖像能夠做到。我們可以像許多人一樣，開始建構類型學，但是各種暴力類型之間的界線往往仍是模糊不清。行為中的暴力類型確實很含糊，因此這也是現象學對暴力如何以「一種對存在結構的攻擊」運作所做出的解釋顯得特別重要的原因之一，它對於制度、結構暴力、

34 請參閱柳約翰（John Yoo）的備註，當中對酷刑為何是合法且合理的暴力做出解釋。John Yoo to William J. Haynes II, "Re: Military Interrogation of Alien Unlawful Combatants Held Outside the United States," March 14, 2003, *US Department of Justice Office of Legal Counsel*, aclu.org/files/pdfs/safefree/yoo_army_torture_memo.pdf.

特別是肉體暴力的批評極為重要[35]。

這並不意味著暴力能因此被避免，或只是一種主觀見解。相反地，暴力永遠都受制於框架的振盪，而這些框架則以正當性與合法性的問題為中心。我們可以從塔拉爾・阿薩德（Talal Asad）對處死（death dealing）的重要人類學分析中觀察其運作方式[36]：有些形式被正當化、甚至被頌揚，而有些則被唾棄、被譴責。一切取決於國家，國家批准的暴力就是正當的；而未建立於國家基礎上的暴力則不正當。事實上，在國家支持的某些版本中，死刑是打著正義和民主的名號進行的，而在未建立於國家基礎上的暴力中，則與犯罪或恐怖分子有關。這些方法可能相似，也可能有所不同，其破壞力不論是在強度或後果上都同樣令人恐懼。然而，在任何框架中，生命被以殘暴的形式奪走的這項事實，不見得能讓我們意識到，處死形式之間的距離可能比我們所想的要近得多。

重點並不是要接受這種寬泛的相對主義。我們的任務毋寧是要追蹤並揭露框

35 Lisa Guenther, *Solitary Confinement: Social Death and Its Afterlives*, Minneapolis, MN: University of Minnesota Press, 2013.

36 Talal Asad, *On Suicide Bombing*, New York: Columbia University Press, 2007.

架的振盪，而命名實踐就是發生於這些框架之中。唯有如此，才可能鞏固我們對非暴力的理解，以及它意味著什麼，並推翻及反對以下歸因方式：一、推卸暴力，並賦予其非暴力行動的外衣，或二、將暴力的範圍擴大至批評、異議及違規。我們必須為既定的非暴力反抗策略確立語意，藉此去反抗法律或經濟形式的剝削、或政治形式的約束，包括罷工、監獄內絕食抗議、停工，或以非暴力形式佔據政府、公家建築、場所，或那些於公於私都飽受爭議者、任何形式的杯葛，以及所有拒絕承認非法權威的方式。這些行動或不行動的共通之處，在於它們都對一系列政策與行動、甚至是在對反殖民抵抗的大罷工的情況下，對特定形式的統治正當性提出質疑。然而，這些訴諸改變警察、國家組成或統治權的聲音，通通都能被冠上「破壞」的形容，因為它們要求對現狀進行實質性改變，從而引發了合法性問題——一種批判性思考的終極展現——從而被視為一種暴力行動。當「暴力」所指的是針對法律暴力所進行的非暴力形式抵抗時，在政治框架及其自我辯護策略中，嚴格的命名實踐就變得格外重要。我認為這不僅對於當代批判理論，對任何反映自身的非暴力倫理與政治也都是當務之急。

儘管我十分重視班雅明的主張，即我們必須對這種正當性辯護策略的建立做出批判性思考，才能採用這些說法，但我也認為我們有義務去做出某些服膺特定框架的決定。儘管在不了解暴力構成的狀況下，我們難以對暴力是否被正當化的問題做出判斷，但我們仍然不能放棄對暴力與非暴力之間做出區分的這種需求。換句話說，批判的運作少不了承諾與判斷。班雅明的分析對是否應將任何給定的行為視為暴力一問提出質疑。問題被提出的框架，很大程度地影響了解決問題的方式。由法律所催生的正當性策略，傾向通過言語去準確地再現自身的正當性，意味著當問題被提出的同時，便會立即得到解決。

然而，讓我們針對此點做些補充，即不平等的結構將影響對暴力的感知與命名，以及理解和聲明其不合理性的普遍意願。因為非暴力運動可以通過獲得權力，搖身變成行使法律暴力的當局；而一個暴力當局的解散，也能終止特定的法律框架。從受到法律背書的力量來看，這種力量壟斷了將暴力視為壓迫的使用權，並總是能夠找到機會，去把試圖解散法律制度者控訴為對國家的威脅、惡棍、暴戾的對手、國內的敵人、對生命本身的威脅。然而，唯有當法律將自身與生活視為一體，最後一項指控才會成立。班雅明認為這永遠無法真正達到。

生命中的關係性（Relationality in Life）

我明白這個論點留下了許多懸而未決的問題，包括我們的談論是否僅限於人類生命、細胞組織與胚胎生命，還是所有物種和生命歷程，因此也包含了生命的生態條件。關鍵是要重新省思被常態地用來區分生命形式的類型學之中，所涵蓋的生命的關係性。在這種關係性中，我將相互依存性的概念也一併納入——對於身處在某處、必須仰賴土壤與水分來延續生命的人類而言，同樣也跟非人類的生物共存於這個世界中，在這個世界裡，牠們的生存宣言顯然與人類的有所重疊，而且牠們的生命有時也與人類生命相互羈絆[37]。那些生命（或生者）上的重疊區

37 Donna Haraway, *The Companion Species Manifesto*, Chicago: Prickly Paradigm, 2003；以及 *When Species Meet*, Minneapolis, MN: University of Minnesota Press, 2007.

域必須被視為關係性（relational）與過程性（processual）的，但同樣地，每個區域也需要有足以維生的條件。

我之所以主張必須將非暴力與根本平等的承諾連結起來的原因之一，乃因暴力往往做為一種強化後的社會不平等而運行。那些不平等是由種族主義與戰爭邏輯的生命政治形式所導致的，但是這兩種不平等經常在可悲慟與不可悲慟的、有價值與可有可無的生命間進行區分。生命政治形式的暴力不完全會依循戰爭邏輯，但的確吸收了其中的幻象場景，並融會至本身的理性模式：若是歐洲、美國（或澳洲）讓移民跨過邊界，他們的這種熱情款待將為自身帶來毀滅。新移民遂被視為破壞的力量，它將吞噬並否定其主人。這種幻想為針對移民族群所做出的正當性暴力破壞提供了依據。移民體現出破壞並以此要脅，所以必須被摧毀。然而，以這種邏輯做為依據的行動，卻揭露了這種暴力是衝著移民的事實。根據這種戰爭邏輯，一種恐慌的僵局出現了：處於暴力和破壞風險下的這種想像，成了國家抵禦移民的條件。然而這樣的暴力屬於國家暴力，由種族主義與妄想所煽動，並將苗頭指向移民族群。這種情況下所犯的錯誤很顯然構成施暴，此外還犯下了另一個錯，即再現了社會不平等，這兩者往往同時發生：後者的形式加劇了生命價值與可悲慟性之間的差異。這也是為什麼對暴力的批判，必須同時是對不平等的根本性批判的原因。再者，對不平等的反抗意味了對種族幻象的披露，其中某些生命被認為是純粹的暴力，或迎面襲來的暴力威脅，而另一些生命則被視為有權自衛與維繫自身生命。這種權力劃分與幻象式的形式進入了概念裝置（conceptual apparatus），當中暴力與非暴力的問題，將在公共生活中被爭辯並做出定論。

暴力批判和非暴力實踐不盡相同，但若少了這種批判，實踐便無法進行。非暴力的實踐必須正面迎擊各種幻象式與政治挑戰，而這也可能會導致絕望。的確，法農的理論如今在各種層面上被廣泛運用，包括合理化暴力與反抗暴力等層面。做為《黑皮膚，白面具》的主旨，又在他的論文〈關於暴力〉（Concerning Violence）中再次出現，法農所要證明的核心論點是，身體會以某種方式推導出對不平等的見解。不可否認的是，在法農的論述中存在著對超人陽剛之氣（superhuman muscularity）的幻想——這種超人陽剛特質的幻想被許多人詬病。

但是這篇文章提供了另一種方法，從身體親近性（bodily proximity）的情況下來對平等做出剖析：

> 被殖民者（*indigène*）發現了他的生命、他的呼吸、他的心跳與殖民者並沒有不同。他發覺到殖民者皮膚的價值並沒有比本地人的高到哪去；不得不說這個發現以極度必要的方式撼動了世界。被殖民者所有新的、革命性的擔保，都以此為根源。因為事實上，如果我的生命如殖民者的生命一樣有價值，那他的目光將不再使我震懾，也不會令我動彈不得，而他的聲音也不再將我石化。[38]

就在此刻，種族幻象被打破了，而對平等的主張撼動了世界，打開新的創世可能。

我們試圖從通則中，去追蹤法律制度是如何將暴力歸咎於那些嘗試要揭露並

---

38 Frantz Fanon, “Concerning Violence,” in *The Wretched of the Earth*, trans. *Constance Farrington*, New York: Grove Press, 1963, 44.

破壞結構性種族主義的人身上。當對平等的要求被塑造成「暴力」行動，或當這種罵名落到那些要求政治自覺、訴諸生活在沒有安全威脅與檢視的人的頭上時，必定會令人感到震驚。

這樣的歸屬與投射方式，該如何被闡述、批評和擊退？為此，我們必須先對概念性倒置進行思考，這種由幻想引起的概念性倒置，支撐並擴大了國家暴力的範圍。在土耳其，那些簽署了和平請願的人被控訴成恐怖主義。在巴勒斯坦，那些試圖訴諸一套政治統治形式，來保障每個人的平等與政治自決的人，經常被指控為一股暴力的破壞力。這樣的指控企圖癱瘓並削弱那些非暴力的倡議者，使反對戰爭的立場被扭曲，彷彿這全然是一種戰爭**當中**的立場似的。

當這種情形發生，對戰爭的批評被視為詭計、激進、被掩飾的敵意。批評、異議與公民不服從被理解為對民族、國家和人類本身的攻擊。這種指責來自假定的戰爭框架，在該框架內無法對其他立場進行想像。換句話說，所有立場，儘管它顯然是非暴力的，都被視為暴力的排列組合。這種指控從假定的戰爭框架中產生。因此，儘管我指的是「明顯的」（manifestly）非暴力行為，但顯然在被害妄想和倒置的邏輯認知中，只有特定的實踐能被認證為非暴力。當對戰爭本身的批判、對終止社會與經濟不平等的訴求，總是被當成發動戰爭的手段時，很容易使人陷入絕望，並做出所有字詞都能被扭曲、所有意義都會被擊潰的結論。但我不認為結論就是如此。

對於迎面而來的虛無主義，需要有關鍵的耐心，才能揭露其幻象形式，在這種幻象之中，某個明明沒有做出攻擊的人，卻被認為「正在攻擊」，或者正因為這個人受到了攻擊，所以才發動攻擊。這種倒置手段是由這種觀點、政策所制定的，即把來自中東或北非的遷移人口，視為對歐洲和人類的毀滅，因此應予以拒絕與拋棄，甚至必要時應任其死去。此刻，這種殺戮邏輯主導了反動分子和法西斯主義的思想。在這樣的時刻裡，一種幻象取代了正在說話和行動的人，這種幻象體現出攻擊傾向，其源自於對他者的潛在暴力的恐懼，並會賦予那些非同路人破壞的特質，達到了將破壞性完全外部化的致命成就。這種防禦性的攻擊形式，與「無論生命之間築著什麼樣的牆，終究無法彼此分離」的見解相去甚遠。即便是牆，也往往會以一種悲慘的社會紐帶形式，將那些被牆隔開的人綁在一塊。

有鑑於最後一個觀點，我們或許可以用一種新的條件，來重新思考平等與共存，以所有生命都同樣可悲慟的前提開始談起，試圖去理解其對於生存和死亡的意義，因為在生命之中，具有潛在可悲慟性的生命才能擁有未來，這樣的未來無法被預測與規定。欲維繫生命的未來，並不是意味著要使一條生命去採取某種形式，而是要讓它去遵循某條道路：這條路對生命可能採取的各種偶然和不可預測形式，抱持開放的態度。這種將維繫做為一種確定義務的觀念，被認為與保衛特定某人、或某個社群的意義大相徑庭，後者以犧牲他者的利益為代價，且他者總是被形塑為威脅。舉例來說，當移民被視為一種破壞的預兆、純粹的破壞載體、對純種或民族認同的荼毒，如此一來，無限期阻止與拘留的行動、將他們推入水中、在船隻解體與死亡逼近時，拒絕回應他們的呼救等行為，都被本土社群以「自我防衛」之名，憤怒且報復性地正當化，明裡暗裡地由種族特權所定義。事實證明，以這種道德形式所允許的破壞性，往往源自於一種傷害性且自我膨脹（inflated）的自衛概念，透過重新命名的做法達成了正當化自身暴力的目標。這種暴力進一步地被種族主義的道德觀所轉移、掩蓋和許可，這樣的道德觀對於捍衛種族和種族主義同樣有效。

也許我們所描述的精神機制根植於人類世界，而我們對暴力的反抗，對於改變人類精神、或其定義關係中的潛在破壞性而言，是一種徒勞。對暴力政治批評的答辯，有時會以這種論述方式出現，即我們永遠無法完全戰勝人類的破壞性，這種破壞性屬於人類共同體，是一種驅動力、脈動或潛力，可以用以鞏固和拆散我們所知的社會紐帶。霍布斯想必會這麼認為，巴里巴則提供了一種最深刻的當代反思。破壞性是否在社會關係中，做為一種驅動力或特徵的問題，仍然有商議空間。而縱使我們承認了破壞性的普遍可能性或趨勢，這麼做將會破壞、還是強化對暴力的政治批判？為了解決這兩個問題，我們不得不問：破壞性對於社會理論與政治哲學的意義為何？它是相互依存性的副產物，還是代表了人類關係間愛恨的兩個極端，它是威脅了人類共同體、還是使之團結一致的一部分？

對體現了相互依存形式的社會紐帶所進行的反思，將提供我們一種理解社會平等的框架，而這種版本的社會平等，無須仰賴於個人主義的再生產。個體並不會因為集體而流離失所，而是被社會紐帶給形塑或輸送，這種紐帶由本身的必要性和矛盾性所定義。在這樣的情境中所提出的生命間平等的可悲慟性，並不是建立在適用於個體的可悲慟性度量標準之上，而是要對種族幻象進行叩問，這樣的幻象灌輸民眾什麼樣的生命才值得開放性的未來、什麼樣的生命才可悲慟的這種想法。要想解構這種生命間存有不等價值的幻象領域，需要一種對生命的肯定，這種肯定與「反墮胎」的立場不同。的確，左翼不應該將生命的話語拱手讓給反對派。肯定平等就意味著肯定了一種部分地由相互依存性所定義的共存關係，這種關係使個體超脫了身體界線，或使界線發揮其社會與政治潛力。

這種「生命肯定」不限於我自己的生命，雖然我的生命當然會被包含在內：這被認為與以犧牲他者生命做為代價而換取的自我守護大相徑庭，後者受到攻擊姿態的強化，將潛在破壞性投射到每個社交紐帶之上，通過這種方式對紐帶本身進行破壞。即使我們沒有人能超脫破壞的能力，或者正是因為我們無人能夠超脫，因此倫理和政治的反思才會聚焦在非暴力的使命上。正是因為有能力破壞，我們才有義務去了解什麼是應該與不應該做的，並召喚那些能夠抑制我們破壞力的反制力量。非暴力成了一種倫理義務，正因我們彼此綁定，才會受到約束；這樣的義務很可能使人怨聲載道，當中會凸顯出人們精神狀態上的矛盾擺盪，然而即使在這種矛盾懸而未決的情況下，守護社會紐帶的義務仍然可以獲得解決。不互相破壞的義務，是從我們生命裡那些令人苦惱的社會形式中產生並體現的。所謂「自我守護」的「自我」，部分地由這種既必要又困難的社會紐帶所定義。如果自我守護成了發動暴力的依據，如果它被奉為非暴力原則中的例外，那麼自我守護中的「自我」指的是誰，而哪些人又隸屬於這個自我的機制中？這種「自我」只屬於它本身、或那些替「自我」擴張了涵蓋範圍的人，因此它佇立於無世界的疆域，威脅著這個世界。

【第四章】

佛洛伊德的政治哲學：戰爭、解構、躁狂與批判功能

我擔心我可能正在濫用您的興趣，畢竟這攸關了戰爭之預防，而與我們的理論無關。然而，我想在我們的破壞驅力上稍作停留，因其普及性與其重要性完全不成比例。

——一九三二年，佛洛伊德致愛因斯坦信

佛洛伊德在一九一五年第一次世界大戰期間所撰寫的〈對戰爭與死亡時期的思考〉中，對將社群凝聚在一起的紐帶，以及摧毀這些紐帶的破壞力進行反思[1]。隨著他在一九二〇年首次發展出「死亡驅力」（death drive）的概念[2]，並在接下來的十年中將其詳加發揚後，他越發關注人類自身的破壞能力。他所謂的「虐待狂」（sadism）、「攻擊性」（aggression）與「破壞性」（distructiveness）成為死亡驅力的主要表述，而死亡驅力的概念在一九三〇年的《文明及其不滿》

---

1 Sigmund Freud, "Thoughts for the Times on War and Death," in The Standard Edition of the Complete Psychological Works of Sigmund Freud, trans. James Strachey, vol. 14, London: Hogarth Press, 1915, 273–300。後續註解中，以「SE」做為縮寫。

2 Sigmund Freud, Beyond the Pleasure Principle, SE vol. 18, 1920.

中臻至成熟[3]。早在十年前，佛洛伊德在《超越快樂原則》（*Beyond the Pleasure Principle*）中所說的「人性無法被征服的部分」，隨著他發展出了二元形而上學之後，產生了新的形式。從創造了複雜交織的人類紐帶的力量「愛欲」（Eros），走向與其對立的「死亡本能」（Thanatos），即一種能使紐帶分崩離析的力量。持久的政治形式，假定了社會紐帶可以相對地保持穩定。然而，政體又該如何應對佛洛伊德所描述的破壞力量呢？

佛洛伊德對第一次世界大戰的反思，引發了他對破壞性的一系列見解。在一九一四年，佛洛伊德尚未引進死亡驅力的概念（其主要目的之一是使社會紐帶惡化），但他在當時就已對人類壓倒性且前所未有的破壞力留下印象：

> 我們一度拒絕相信的戰爭已經爆發，帶來了一場「幻滅」。隨著攻擊和防禦武器臻至完善，這場戰爭比起過往，不僅更加血腥，還更具破壞性；至少同過去

3 Sigmund Freud, Civilization and Its Discontents, SE vol. 21, 1930.

任何戰爭一樣地殘酷、痛苦、令人難以釋懷。它無視於任何所謂國際法的限制，在和平時期，各個國家都必須受國際法約束；它無視傷者和醫療服務的特權、族群中民事與軍事部門間的差異、私人資產的主張。其所到之處都遭狂暴且盲目地踐踏，彷彿沒有了未來，人類之間的和平也不復存在。它斬斷了相互競爭的人們間的共同紐帶，威脅著要留下痛苦的遺產，這將使得任何紐帶間的恢復，在接下來的很長一段時間都難以實現。[4]

佛洛伊德所言之所以廣受關注，有諸多原因，其中最主要的是對破壞性歷史產生的轉變：破壞性從未像現在這樣被人們所認識。儘管新武器的研發使得如今戰爭的破壞性比過去更嚴重，但對佛洛伊德來說，其殘酷程度並無不同，他主張關鍵不是人類變得更加殘酷，而是科技使然，讓殘酷得以產生比以往更巨大的破壞。一場沒有兵戎相向的戰爭所造成的破壞較少，但殘酷程度也不會就此降低。

4 Freud, "War and Death," 278–9.

因此，若我們傾向認為殘酷本身會通過技術來增強，那佛洛伊德似乎會拒絕這種觀點：破壞性採取了嶄新且歷史上可變的形式，但殘酷卻始終如一。因此，僅憑殘酷無法解決所有破壞性問題——因技術也會對其行使代理權。然而這種專屬人類的破壞性，源自於人類主體矛盾的精神構成。因此，如何審視破壞性的這個問題涉及了矛盾與科技的層面，特別是在戰爭的語境之下。

儘管我們一致認為「製造戰爭」是國家專屬的行動，盲目的憤怒卻可能催生出一場會破壞社會紐帶的戰爭，而往往是因為這些紐帶國家才得以存在。的確，它可以鞏固一個國家的民族主義，在戰爭和敵意的背書下，產生一種暫時的相關性。戰爭所釋放的破壞力量，破壞了社會紐帶，並引發了憤怒、報仇和不信任（「苦澀」），而這種破壞不知何時才能被修補，不僅破壞了過去可能建立的關係，也破壞了未來和平共處的可能性。雖然上述佛洛伊德所談的，顯然是針對第一次世界大戰，但他也對普遍的戰爭提出主張：戰爭「踐踏了……所到之處的一切」。在此，他指出打破「約束」之壁壘，實際上是戰爭的目的之一——而軍事人員必須被授予殺戮許可。無論戰爭的明確戰略或政治目標是什麼，與其破壞目標相比，都被證實是微不足道的，戰爭首先摧毀的就是對「破壞許可」的嚴格限制。如果我們能夠正確地談論那些尚未被明言的戰爭「目標」，它既不是要對政治地景（political landscape）做出改變，也不是要建立新的政治秩序，而是要破壞政治本身的社會基礎。當然，若我們相信有「正義之戰」——這種以「民主」之名對法西斯或種族滅絕政權所發動的戰爭——存在的話，這樣的主張或許會顯得有點言過其實。但即便如此，戰爭的明確目標和戰爭所造成的破壞從來就不盡相同。即使是所謂的「正義之戰」，也會超越其既定目標與深思熟慮後的結果，而挾帶著破壞性風險。

事實上，不管戰爭公開與明確的目標為何，另一個目標也總是會產生作用，即佛洛伊德所謂「盲目的憤怒」（blind fury）。更有甚者，這種憤怒會在戰爭中激發、甚至團結一個民族或國家，反之也可能將民族與國家撕裂，去反對任何本意、自我守護、或自我增強的目標。這種憤怒的目標，首先要克服的是對破壞本身施加的既有抑制與限制，透過破壞社會紐帶（因其被理解為阻擋破壞的一項阻礙）來增強破壞性，並在可預見的未來中再現破壞，如此一來恐會釀成一個破敗的未來、或一種破壞未來的方式。正是通過戰爭之中既定、局部且臨時的目標，使得另一個目標、或甚至是一種蘊含無限破壞性的「驅力」（drive）得以實現。即使一個團體或國家可能會在戰爭中達到暫時的凝聚力，然而在齊聚一堂支持保衛國家或消滅敵人的明確目標背後，超出任何明確承認的目標之事物，可能會隨之形成、甚至掌控局面，其所破壞的不僅是受戰爭打擊之團體間的社會紐帶，也同樣會對發動戰爭一方的紐帶造成損傷。佛洛伊德從希臘悲劇中萃取的「盲目的憤怒」概念，是他在隨後的五年所言的「死亡驅力」之前身。早在一九一五年，他就對死亡驅力所具備的力量表示擔憂，認為一旦這股力量因破壞性技術被加以放大，就會在全世界範圍內造成破壞，並將會摧毀具有抑制破壞性力量的社會紐帶。到了一九三〇年，佛洛伊德更加關注種族滅絕的可能性，在他的《文明及其不滿》印證了這點。當中他寫道：

在我看來，對人類而言致命的問題便是：人類的文化發展是否、或在什麼程度上，能成功地將存在於公共生活中，這種由人的攻擊與自我毀滅本能所導致的干擾給控制住。特別是在當前時局，這方面的確值得倍加關注。人類已經到了能控制了自然力量的程度，借助這樣的力量，要把世界上的人類完全殲滅也並非難事。[5]

在一九三一年的版本中，他在這段後又添加了一行，宣告「永恆的愛欲……在與它同樣不朽的對手的鬥爭之中，堅守了自身立場」，並點出無人能預知這樣的努力是否會成功。佛洛伊德顯然在試圖找出另一種可能，以做為一種對慘絕人寰的破壞性的反制，他在第一次世界大戰中經歷了這種破壞性，接著在一九三〇年代的歐洲，他感受到這股力量以更加強勢之姿回歸。佛洛伊德在理解破壞性的過程中，並沒有訴諸歷史或經驗上的案例，而是轉向他所謂的「驅力」——它看似不過是種理論上的力量。為什麼要關注生命的驅力？對佛洛伊德而言，團體賦予自身行動的有意識理由，往往與引導他們行動的潛在動機有所不同。有鑑於

---

5 Freud, *Civilization and Its Discontents*, 145.

此，要反思如何最好地避免破壞，除了提出能為理性思考所接受的主張外，還必須做些其他事情：它必須某種程度地訴諸驅力，找到一種能應對、以及抗衡可能導致戰爭的推進破壞性之方法。

針對驅力理論的一種質疑，源於佛洛伊德德文的「驅力」（Trieb）被誤譯為英文之「本能」（instinct）。儘管「本能」（Instinkt）與「驅力」兩者都在佛洛伊德的著作中出現過，但後者顯然更為頻繁，且「死亡驅力」（德：Todestrieb）絕對與「死亡本能」（the death instinct）不同。詹姆斯・斯特雷奇（James Strachey）在《全集》的翻譯中，將這兩個術語一併譯為「本能」，從而引發了英語文獻中對該術語的生物學理解，且在某些情況中，佛洛伊德對驅力的觀點，也遵循了一種生物決定論的形式。佛洛伊德在一篇名為〈本能及其變遷〉（英文作"Instincts and Their Vicissitudes"，德文作"Triebe und Triebschicksale"，譯為〈驅力及其命運〉〔Drives and Their Destinies〕或許更恰當）的論文中明確指出：「驅力」（意即「推力」〔push〕）既不專屬於生物領域，也不全然屬於自主精神領域；相反地，它擔綱肉體（somatic）與意念（ideational）間之「門檻」的概念（treshold concept，德：ein Grenzbegriff）[6]。

直到一九二〇年，佛洛伊德都堅持認為精神生活是由快樂、性慾或力比多（libido，又譯作「欲力」、「原欲」）所控制的，直到他認識「戰爭精神官能症」（war neurosis）的形式後，他才開始認為有些症狀具有強迫性重複的特質，無法通過實現願望或滿足感來解釋。因此，正是戰爭促使了佛洛伊德著手制定死亡驅力的定義，同時他還受到對破壞性形式所進行的思考所影響，特別是那些具有重複性特質的形式（日後他在《文明及其不滿》中稱其為「非愛欲之攻擊性」〔non-erotic aggressivity〕）[7]。在《超越快樂原則》中，佛洛伊德首次為死亡驅力下定義，試圖藉此為似乎不具任何目的之重複行為找出一套解釋。他曾遇過患有戰爭精神官能症的患者，他們通過跟快樂原則所述之重複形式並無明顯相似之處的方式，重現了暴力和失去的創傷場景。這種反覆折磨不僅沒有帶來明顯的滿足感，反而

---

6 Freud, "Instincts and Their Vicissitudes," SE vol. 14, 1915, 121–22：「在我們看來，『本能』做為一種精神和軀體之間的邊界概念。」德文為「So erscheint uns der 'Trieb' als ein Grenzbegriff zwischen Seelischem und Somatischem」。Sigmund Freud, *Psychologie des Unbewussten*, Frankfurt am Main: Fischer Verlag, 1982, 85.

7 Freud, *Civilization and Its Discontents*, 120.

使患者的病情逐漸惡化，甚至損害了患者生活的有機基礎（organic basis）。就是在這個階段，佛洛伊德發展出了有關死亡驅力的第一個版本，根據此版本所述，有機體會試圖返回初始的無機狀態，在這種狀態中所有的刺激都會被消除。的確，每個生命有機體都想要回歸這個起源，如此一來，生命的軌跡不過就是種「通往死亡的循環」[8]。即使人們往往會有要滿足心願、以及守護自身有機生活的念頭，然而也有一部分運行於願望實現之側，試圖去否定生命的有機狀態，即生命是否屬於另一個人、某個自我、或某個動態而複雜的生活環境。

佛洛伊德針對人類精神所提出的新傾向，假定了人們試圖回歸人類有機世界中那段個體生命出現前的時光，而這又將造就什麼不同？他對於破壞性的思考，著重在對其他生命造成破壞的可能性上，特別是在戰爭情況下，武器技術強化了人類的破壞性力量。那些受戰爭精神官能症折磨的患者，活在戰爭所致的精神後果之中，而他們也成了一種契機，促使佛洛伊德對「破壞」不僅會衝著他人，且

8 Freud, *Beyond the Pleasure Principle*, 38.

還會反噬自身的問題進行反思。戰爭精神官能症將戰爭的痛苦，以無情反覆的創傷徵狀做為特徵而得以延續；遭受轟炸、攻擊、四面楚歌——種種戰爭隱喻都在創傷後的場景中持續著。佛洛伊德將其視為破壞的重複特質。在病患身上，它會導致社會孤立；更廣泛地來看，它不只會削弱用以凝聚社會的社會紐帶，還會採取自我毀滅的形式，最終導致自殺局面。面對這種破壞形式，力比多或性慾的作用減少，甚至消失，社會紐帶在其中也被粉碎了，少了它，政治生活便成了一種未竟之志。

在《超越快樂原則》的尾聲中，佛洛伊德斬釘截鐵地指出：在某種意義上，每個人類有機體不僅在追尋自身的死亡，而且這種趨向絕非源於性驅力（sexual drive）。他主張：性驅力可以在性虐待、更普遍的說，在「施／受虐狂」（sadomasochism）現象中獲得證實[9]。儘管將死亡驅力性化，會讓其破壞性附屬

9　佛洛伊德關於施／受虐的理論，先是試圖訴諸於〈本能及其變遷〉（一九一五）中的「本能欲望」來解釋這一現象，但隨後根據《超越快樂原則》（一九二〇）、以及〈受虐的經濟問題〉（SE vol. 19, 1924）中所述的死亡驅力，佛洛伊德又對其進行了修訂。

於佛洛伊德所述的性慾之非破壞性目標之下，但死亡驅力仍可佔有主導地位——性暴力清楚地描述了這種情況。不論是自我毀滅與毀滅他者，都可能在施／受虐的過程中發生，這暗示佛洛伊德，即便是與性驅力有別的另一種驅力，仍然能通過性驅力運行。死亡驅力以一種不固定且投機的方式掌控了性慾，同時並未適當、明確地彰顯自身。以在一起的渴望為基礎而發展出來的性關係，被各種形式的自我毀滅給打斷了，這顯然與戀人當初所立下的目標背道而馳。明顯具有自我毀滅傾向、或會對人們亟欲保存的紐帶做出破壞的這種行為特質，往往令人感到不安，然這種特質只不過是一種平凡的殘骸形式，通過這種殘骸，死亡驅力在性生活中變得昭然若揭。

在《文明及其不滿》中，佛洛伊德再次將虐待狂視作一種死亡驅力的「再現」（representative），但在他後期的著作中，他更明確地將死亡驅力與攻擊和破壞的概念掛鉤。這可以說是死亡驅力的第二種版本，或說是後期版本。攻擊不再被視為唯獨在性施／受虐的情境下才會作用，因為正如佛洛伊德所言，「我們不能再忽視非愛欲之攻擊性和破壞性的普遍情況。」[10]佛洛伊德正是在為橫跨歐洲的好戰和民族主義之升溫、以及反猶太主義的增強做出記錄。這些侵略的形式，跟愉悅感、或由愉悅所致的任何滿足感毫無關係：「這種攻擊的本能（應作驅力）是死亡本能（驅力）的衍生物和主要代表，我們會發現它往往與『愛欲』一併出現，並與之共享世界的主導權。」[11]儘管佛洛伊德在此所述的「愛欲」與「死亡本能」通常不會分別出現，它們卻有著相異的目標：愛欲試圖將社會中各個獨立的單位合併或整合起來，將個體團結成團體，也會使得團體間為了服膺更大的社會和政治形式而團結在一起。死亡本能則是將相同的單位相互拆散，並使得每個單位間都相互隔離。因此，在試圖建立和打造社會紐帶的這種行為之中，也存在著一股反作用力，能輕易將紐帶解構：我愛你、我恨你；沒有你我無法獨活、繼續和你在一起我會死。

佛洛伊德提出了兩種不同的方式來解決愛情關係的問題。一方面，佛洛伊德

10 Freud, *Civilization and Its Discontents*, 120.

11 同上，頁122。

在所有作品中都對所有愛情關係的「矛盾構成」（constitutive ambivalance）堅信不疑。這點在他的《圖騰與禁忌》（*Toterm and Taboo*）裡講述「情感矛盾」（emotional ambivalence）的章節中鮮明出現[12]，在〈悲慟與憂鬱〉（Mourning and Melancholia）一章中，他也指出了摯愛的失去會伴隨攻擊性[13]。有鑑於這個模式，愛本身就是矛盾的[14]。另一方面，「愛」（「愛欲」的別名）僅會為情感矛盾兩極中的其中一個極端命名。有愛亦會有恨，因此，「愛」所指的，要不就是囊括了所有愛與恨的矛盾星群、要不就只是兩極結構中的其中一端。佛洛伊德自身的立場顯得有點矛盾，也許是特別透過這種修辭方式來印證自己的主張。事實上，這種自相矛盾的表述在全文中並未獲得解答，豐饒的可能性貫穿全文。這樣的症狀在他後期的著作中浮上水面：愛就是在人與人間產生連結，但由於其固有的矛盾性，在愛之中也存在著破壞社會紐帶的潛力。或者至少能說，即使愛並

12 Freud, *Totem and Taboo*, SE vol. 14, 1913.
13 Freud, "Mourning and Melancholia," SE vol. 14, 1917, 248–52.
14 同上，頁250。

非破壞那些紐帶的原因，仍然有股破壞力存在於、或依附於愛之中——一股能將人類引向破壞與自我毀滅的過程的力量，當中包括對他們摯愛的破壞。

佛洛伊德對於愛對這種破壞性，是採取包含還是反抗的觀點，仍懸而未決，這也凸顯出即使他嘗試去思索愛情的親密關係、以及大眾心理和破壞潛力的當下，問題仍持續存在。破壞能力是在這種將團體連結的紐帶中被發現的——一種破壞的聯繫？還是應該做為一種「斬斷所有共同紐帶」的力量——一種會撕裂社會關係的反社會原動力？

在精神層面中，是否有能反制破壞社群紐帶的方法？在佛洛伊德的觀點中，團體不僅可以對內部的紐帶造成破壞，可能還會將這種破壞性導向其他外部團體；他擔心，這兩種破壞形式會受到批判功能（critical faculty）的抑制作用所輔助。縱使「愛」有時被認為是對破壞的反制力，但在其他時刻，「批判功能」似乎更為重要。因此，佛洛伊德在群眾心理學的作品中，便著重於強化批判功能的抑制力量。在他一九二一年的專著《群眾心理學與自我的分析》（*Group Psychology and the Analysis of the Ego*）中，便描述了「批判功能」中各種形式的深思熟慮與反思；然而在隔年的《自我與本我》（*The Ego and the Id*）中，批判功能成了與「超我」間的聯繫，成了一種對自我發動的殘酷形式。最終，超我被視為一種「死亡驅力的純粹培養」（a pure culture of the death drive），某種程度上是一種通過蓄意自我克制來對抗破壞的方法，也就是將破壞性導向自己本身的破壞性衝動[15]。也因此，自我克制屬於一種蓄意且反身性的破壞形式。換言之，一旦佛洛伊德將超我的概念引入後，就可以防止破壞性衝動的釋放，這種防止在過去被以「抑制」（inhibition）之名相傳，並被設定為一種奉殘酷為圭臬的精神機制。超我的功用在於以破壞力量去與自身的破壞衝動抗衡。當然，這種解決方案的問題在於，若超我毫無節制地運作，恐將導致自殺，對另一方的破壞被轉化成了對自我的破壞。一方面來說，「批判功能」所關注的似乎是行動的後果，透過監控表達與行為形式，來防止傷害性後果發生。另一方面，其做為死亡驅力的展現，其目標可能是破壞自我。在死亡驅力本身未曾受到檢驗的前提下，即使是平和的自我審視形式，也可能引爆成無法控制的自殺式自我嚴責（self-beratement）。矛

15 Freud, *The Ego and the Id*, SE vol. 19, 1923, 53.

盾的是，這意味著人們用來檢視破壞性衝動的批判功能，可能成為內部化破壞性衝動的工具，進而斲傷了自我的生命。因此，愛欲中的自我保護傾向，必須被用以檢視死亡驅力的破壞性操作。如果超我為了反制自我的破壞性表現，而對自我進行破壞，那麼它就仍運行於破壞之中，只是受害的對象不再是他者或世界，而是自我。因此，批判功能對於審視破壞有其侷限性，考慮到它無法檢驗到以超我形式所進行的破壞。有鑑於此，反制的力量必須存在，需要一種能訴諸自我守護，更廣泛地說，一種守護生命的力量。這種力量應被稱為愛、或是躁狂（mania）？它是否涉及了身分認同的喪失，或者是否代表採取一種與社會流傳的虐待狂式興奮具有批判性差異的精神官能症立場？

在超我理論發展之前的一年左右，佛洛伊德在《群眾心理學與自我的分析》一書中問道：殘酷行為的去抑制（dis-inhibition）機制為何？我們要如何解讀其運作？當我們說「一股情感波動」穿透人群時，我們表達的是什麼意思？又或，當某些原本無以名狀的激情在人群中「釋放」（unleash）時，我們又該如何解讀這種表述？所謂「釋放」是否意味著欲望始終存在，而僅是受到抑制？還是說，

「釋放」始終具有結構性，因此當其出現時，往往會以欲望或憤怒做為形式？如果我們說，某位民選官員許可了新一波的厭女現象或廣泛的種族主義，他又將被歸屬於哪種類型之代理？他是否始終存在、又或是在這個過程中被形塑？還是他過去就以某種形式存在著，而如今的所言所為又賦予他新形式？在這兩種情況下，衝動都是由「壓制」（repress）力量（以某種方式指定和形塑）或「解放」（liberate）力量（賦予衝動一種與過往抑制有關的特殊意義）所構成的。如果只是單純將其看作一種液壓模式（hydraulic model）——一種一旦抑制被解除時，就必然會釋放定量「能量」（energy）的模式，屆時不論是抑制或釋放這種衝動，結果都是一樣的。然而，若實施這些抑制手段的方式是重要的，而且意味著要製造出被抑制的內容，那麼先前所被抑制的衝動，就不會在將抑制力置之不理的情況下輕易出現；相反地，它會精心地對這種形式的力量進行攻擊，拆穿其理由、合法性與其主張。這種衝動的出現，需要通過詮釋方得以運行，因此任何初始或未經調和過的能量，都不用受到禁止或許可機制的約束。這種衝動積極地挑戰了一種會為「抑制」提供訊息與支持的道德及政治主張；它對批判功能進行反抗——而且不僅鬥爭道德判斷和政治評價，還跟使兩者化為可能的反身性思想之普遍特質背道而馳。衝動試圖去驅散和廢止道德的自我限制（moral self-restriction），而道德的自我限制被佛洛伊德稱作「超我」的根基。這種針對超我的挑戰，目的似乎是要擁護道德限制，尤其是這種由自我強加於自身的限制。然一旦超我本身成為了一種顯而易見的潛在破壞力量，事態將變得更為複雜。

佛洛伊德是這樣敘述的：

> 過於堅毅不摧的超我已經掌握了意識，以無情的暴力對抗自我，彷彿它掌握了人體內所有的虐待狂因子……如今在超我中，純粹的死亡驅力變得所向披靡，且實際上它往往會成功地把自我逼入死地。[16]

是什麼在檢視某部分的自我對其他部分所釋放出的無情暴力（如果有的

16 同上，譯文經修正。

話）？佛洛伊德在結尾主張：要阻止自我毀滅的一種方法，是自我必須「通過將局面轉化為躁狂，以及時抵禦自身的暴虐。」

佛洛伊德在此引述了他一九一七年的著作《哀悼與憂鬱》（*Mourning and Melancholia*），當中他試圖對「哀悼」（mourning）與「憂鬱」（melancholia）作出區分，「哀悼」意味著認清某個人或理想失落了的現實，而「憂鬱」則是未能意識到這種失落。在憂鬱中，失落的他者被內化（從某種意義上說，它被併入）成自我的一項特徵，而以一種強化的自我申斥形式，從精神層面上被再現、並逆轉了自我與失落的他者間的關係。對失落的人或理想所進行的譴責是一種針對自我的「轉向」。通過這種方式，關係遂以「動態的內部精神關係」之方式被保存了下來[17]。即便是在這篇論文中，佛洛伊德也清楚地表示：對自我所發動的敵意可能是致命的。也因此，憂鬱的自我嚴責之場景，形塑了日後超我和自我的拓樸學。

憂鬱由兩個相反的趨向組成：第一種即自我嚴責，也做為「良知」（conscience）

17 Freud, "Mourning and Melancholia," 251.

的標誌性行為；第二種則是「躁狂」，它試圖打破與失落對象之間的聯繫，主動去放棄那個已經失去的對象[18]。這種對對象「躁狂」且精力充沛的譴責、以及自我汲汲營營地試圖打破與失落之人和理想間的紐帶，都隱含了一種求生的渴望，不願讓失落掌控了自身生命。躁狂，儼然是一種對生物有機體的抗議，對無節制的超我恐帶來的破壞前景進行反抗。因此，若說超我是死亡驅力的延續，那麼躁狂就是對衝著世界與自我而來的破壞性行動的抗議。躁狂症者於是問：「有沒有辦法能擺脫這種以自我毀滅來抵消破壞性的惡性循環？」

很多時候，憂鬱的軌跡能一路追溯至超我，然而，躁狂這種反制的趨向，可能會使得其他抵抗破壞的方法變得有跡可循。訴諸推翻暴君的躁狂之力，在某種程度上是生物有機體的力量，這股力量能破壞維持身分認同的紐帶。有機體原本就是身體和精神相遇的門檻，因此這不純粹只是叛逆生命自然主義式的高漲（naturalistic upsurge of rebellious life）。**去認同**（Dis-identification）成了一種反制

18 同上，頁253至255。

自我毀滅的力量，並能保障生物有機體本身的生存。在某種程度上，躁狂會破壞紐帶，除去對暴君、以及暴君所要求的服從之認同，它承載著至關重要的作用——通過參與其中、試圖化解風波，以遠離對會生命體產生威脅的權力形式。在佛洛伊德看來，超我是一種精神機構（psychic institution），但做為一種機構，它同時也具備一種社會形式。因此，暴政仰仗於精神上的服從，同時超我則會吸收諸如暴政之類的社會權力形式。批判功能所要做的抗爭，即是在不會明確地複製出訴諸「解放」的破壞性社會形式前提下，打破那些確實會對自身造成破壞的紐帶。因此，對暴君的批判，（可以）是一種針對超我的批判功能實踐，而這種實踐屬於一種不會複製出威脅自我生命的「批判」。

事實證明，躁狂是戰勝失控超我的唯一希望，這種超我將導致自殺與對目標的殺戮，超我會不停地對自我釋放批判，直至死亡。因此，只有借助這種躁狂之力，才有機會與暴君、和暴君的從屬結構邏輯決裂。

當然，我並不想要擁護躁狂，但它的確為理解那些反對獨裁與專制統治的「不切實際」的暴動團結形式提供了一組暗號（cipher）。追根究柢，暴君是一種由權力網路所背書的擬人論（anthropomorphism），因此要推翻他，必然是躁狂、團結、且循序漸進的。一旦一國之首本身，不論從任何方面來看都是一個暴虐的孩子，而媒體又密切關注他的一舉一動時，就為那些可能建立團結網路的人們、或那些可能採取失控策略來「擺脫」迷戀的人，提供了一個良機。會追隨發狂暴君的人，一定程度上也是認同暴君對法律的蓄意無視，罔顧任何對暴君本人權力和破壞能力所施加的任何限制；而「反動」則是一種根基於「去認同」的行動[19]。這些團結的形式，並不是基於對領導人的認同，而是一種運行於「生命」這種意符之下的「去認同」，但這並不是出於要復興生機論者（vitalist）的理由：它是為了別的生命、為了未來的生命而奮鬥。

我們普遍認為「認同」對於同理和社會紐帶的永續很重要，但認同也蘊含著破壞性潛力，並且允許破壞性行為得以不受懲罰地運行。思考各種內化形式誠然十分重要，有鑑於「內化」（internalization）往往過快地被當作「認同」。在憂

19 見 José Esteban Muñoz, *Disidentifications: Queers of Color and the Performance of Politics*, Minneapolis, MN: University of Minnesota Press, 1999.

鬱的情況下，他者或理想的失落被內在化後，會保留並激發出一種敵對形式，而這種形式可能會摧毀生命體本身。因此，即使超我會對外顯的破壞性進行檢視，其本身卻也是種潛在的破壞性工具，是種會通過最極端的自我破壞方式（即自殺），來進行檢視的一種極具殺傷力之目的。在這種情境中，佛洛伊德所做的道德結論是：除非我們選擇了**超我的暴力**，否則超我將永遠只是一種用來檢視暴力的脆弱工具，縱使它可能通過其替代與外在的展現來致命。但是「躁狂」，做為一種表現出狂躁的求生欲望的暗號，卻為我們呈現了另一種可能性。它並不屬於一種行動模式——其首要任務並不是要立刻變得狂躁、彷佛這樣（躁狂）就能直接轉化為有效的政治抵抗形式。並不是這樣運作的。躁狂高估了主體的力量，進而與現實脫節。然而，當現實已經被確立或採納了，那我們該如何找到能擺脫現實的精神資源？躁狂中的「非現實主義」（unrealism）因子主張拒絕接受現狀，並激發、加深了「想做為跟強化後的自我嚴責形式進行長期抗爭的一分子而活」的這種渴望。同樣地，通過「失敗」的社會團結（當中所有人都沒有達成理想），能夠讓自我虐待或自我毀滅得到暫時的緩解，這種共享的失敗，成了我們團結與理解平等的基石。當一個團體無法組織並控制這種敵意，超我式暴力的緩解就只會是暫時性的，且這種暴力可能會以致命形式呈現。再者，還有一些團體組織會向外在敵人動員這種破壞性敵意，到了這步田地，生命的破壞、甚至是生命大規模的毀滅都恐將成真。當一個團體對於自身破壞潛力之外顯產生依賴、並形成認同紐帶時，其認同本身可能就意味著破壞潛力。那些被團體「去認同」的他者，以光譜的形式體現出了破壞——實際上，這種形式是從原始團體（被否決後）借用來的。但認同不見得要以這種方式運作。舉例來說，當「去認同」意味著破壞暴政形式之批判能力的出現時，它本身就具有了破壞力，並被視為對專制政權的自覺性瓦解[20]。這可能、也確實發生於情感團結的過程中，但即使如此，這也不能算是一種完美的認同形式：矛盾紐帶對於結盟有其必要，且提醒了人們必須留意這種令人苦惱的關係所伴隨的肯定與破壞潛力。當「去認同」打斷了對暴君的迷戀服從時，去認同本身便同時具有躁狂和批判的特質。

20 同上。

如果超我被定位為審視破壞性的唯一可能，那麼破壞性便會回到主體，斲傷自身存在。在憂鬱中，敵意並不會外顯，但自我卻成了潛在殺戮敵意所針對的對象，這種敵意掌控了摧毀生命自我與有機體本身的力量。而躁狂將這種想要存在與堅持下去的非現實欲望引入，這種欲望似乎不奠基在任何可覺察的現實之上，而且在特定政治政權中，也沒有充分的立足點。就其本身而言，只要躁狂不會變成危險的破壞形式，就永遠不可能成為一種政治，但它將蓬勃的「非現實主義」引進了試圖瓦解暴力政權的團結模式中，衝破重圍，堅信現實終有另一種可能。

檢視暴力

佛洛伊德和愛因斯坦都對檢視（check）暴力的機制十分關注：是否有另一種能夠戰勝死亡驅力的力量？而檢視是否意味了必須強化良知？在大多數情況下，我們只有兩種選擇。其一是主張我們必須將自身與他人教化為良知之形式，循循善誘以使人對暴力產生道德反感。其二則主張我們必須建立愛的紐帶，並通過其機械耐久性（mechanical persistence）來擊敗死亡驅力。但是，既然良知也可以為民族主義式、法西斯主義式和種族主義式的社會紐帶背書，那麼我們又怎能靠良知來檢視暴力？對專制權力的服從，往往會需要、並且會強制推行一種主體形式，當中該主體的自我屈服（self-subjugation）成了一種道德命令（moral imperative）。掙脫專制的控制恐將導致這種主體形式的解體，特別是當它以超我的形式復甦之時。如果我們可以求助於愛，並能輕易地煽動它、使之成為更強大的力量，我們就有了一個解決方案。然而誠如上述，愛被以其本身的矛盾性所定義、由愛恨間的波盪所構成。這項工程顯然試圖要找出一種能在矛盾中生活和行動的方法——在這之中，矛盾並未被理解為僵局，而是一種訴諸倫理取向與實踐的內部劃分。唯有在認清自己本身的破壞潛力下所進行的倫理實踐，才有可能抵抗破壞。對於某些人而言，破壞永遠只會來自外部，他們永遠無法認識、或配合由非暴力所施加的倫理要求。雖說如此，暴力和非暴力仍屬於社會政治與精神的議題，也因此，攸關這種論辯的倫理反思，必須準確地在精神世界與社會世界的交界進行。

正是在一九三一年至一九三二年間佛洛伊德與愛因斯坦的魚雁往返中，一個問題浮現了，這段期間亦是希特勒崛起前的那幾年，而他們兩人隨後也分別從奧地利與德國逃亡[21]。愛因斯坦寫信問佛洛伊德：該如何把人類從「戰爭的威脅」（**the menace of war**）中拯救出來[22]。愛因斯坦感嘆人類的命運掌握在「渴望權力」和「對任何限制國家主權之舉懷有敵意」的「統治階級」手中，他求助於佛洛伊德，因為當世界大戰再次威脅到歐洲之際，他的「批判性判斷」（**critical judgment**）之說對當前最具重要性。他問道：在構成人類精神生活的驅力中，是否存在著能有效遏止戰爭的政治安排之基礎。他特別詢問：是否可能建立一種協會或法庭，來檢視這些驅力中的破壞力量。愛因斯坦首先釐清問題出在破壞性驅

---

21 愛因斯坦在一九三三年離開德國，而佛洛伊德於一九三八年離開維也納。他們的書信往來可參見："Why War?," SE vol. 22, [1933], 195–216。一九三二年時，國際知識分子合作學院（International Institute of Intellectual Cooperation）曾邀請愛因斯坦、與由他本人欽點的思想家，一同針對政治與和平的議題進行對話，而當時愛因斯坦就挑了佛洛伊德，他們曾經在先前的幾年短暫會面過。

22 Einstein to Freud, "Why War?," 199.

力，但他也從政治機構的層面進行質問，呼籲各國將主權移交給一個國際機構，並要求該國際機構必須對防止戰爭和保障國際安全做出承諾。唯有當人類成為了有能力構成、並服從於有權阻止戰爭的國際當局的生物後，這樣的政治目標才有可能兌現。一旦出現能削弱這種能力的傾向或驅力時，那麼防止戰爭終將只是未竟之志。顯然愛因斯坦已經讀過佛洛伊德之說，他問道人類體內是否具有「仇恨與破壞的欲望」，且這種欲望可以「提升為……一種集體精神病的力量。」因此，雖然他想知道這種破壞性驅力是否可以控制，但也想了解是否可能去栽培人類的實踐或制度，藉此提升戰爭預防的可能性。他指出：暴力可以採取國與國間戰爭的形式，但也能通過由宗教狂熱導致的內戰，以及「對少數族裔的迫害」而誘發[23]。

佛洛伊德告誡道：他並沒有確切可行的建議，但他的言論確實闡述了一種政治立場。他的第一個建議是：用權利與權力（power）間的區別，來取代愛因斯

23 同上，頁201。

坦權利與暴力之區分（「權利」原文作「Recht」，在德文中意指法律秩序，甚至是正義）。照佛洛伊德所說，以往人們與團體間的爭端是通過暴力來化解的，但隨著團體組成出現變化，這類情況發生的頻率降低了。他提到，當「由眾多弱者所組成的同盟」克服了個人或領導人的力量後，「（他們）便循著一條由暴力轉向法律的道路而行。」[24]他寫道，在這種情況下，「聯盟克服了蠻力」，他也稱之為「共同體的力量」。在他看來，「一個獨立個體的優勢能為多個弱者的結盟所抗衡。」他後續解釋：「為了實現從暴力過渡至全新權利或正義的轉型……大多數聯盟必須具備穩定和持久的特質。」為此，必須滿足這種心理條件：即「共同情感的增長……是其力量的真正來源。」[25]

在《群眾心理學與自我的分析》出版的整整十年後，佛洛伊德在寫給愛因斯坦的信中，推測共同體**並不是**因為對理想領導者的共同服從才團結在一起的，更正確地說應是通過推翻暴君或專制統治者的明確力量而團結的，並且在推翻之

24 Freud to Einstein, "Why War?," 205.
25 同上。

後，還要建立出普遍且可確實執行的法律和機構。為了推翻暴君、以及打破奠基於暴君之愛的依附，也許需要借助某種形式的躁狂。而躁狂能否在那些為了實現目標所必備的「共同情感」與「情感連繫」之中被形塑？這個問題的答案似乎取決於我們如何詮釋「利益共同體」（community of interests）[26]。佛洛伊德所下的賭注是，隨著權力（非關暴力）被轉移至更大的組成之中，團體成員被賦予的權利將日與俱增，並且會更傾向以團結情感做為出發點。愛因斯坦論及了各民族國家將主權移交給更大的國際機構的義務。佛洛伊德也對超越主權模式的權力分配進行設想。隨著共同體及其自治權的擴大，漸漸變得有別於個人統治者，甚至與其相悖，在一系列無論是自我立法（self-legislated）或是自我約束性（self-restraining）的法律中，都要仰仗顯現於其中的「團結情感」以便審視破壞性。然而，眼下存在的問題是，暴力可能在共同體內部爆發，好比說當一個派系與另一派系呈現對峙、或當對約束主權國家之國際機構行使叛亂權時。

26 同上。

對於佛洛伊德與愛因斯坦而言，對暴力的限制從更廣泛的國際主義框架來看，似乎與對國家主權之限制相吻合。這項舉措的目標是要將構成主權本身的權力擬人化。在一九三〇年代初期，儘管佛洛伊德和愛因斯坦都無從想像以法西斯主義和納粹主義出現的國家暴力形式，會在接下來的幾年內實現，但他們早就深知對民族主義的熱情會誘發暴力。他們都設想過的國際機構或「法庭」，某種程度上以一九三〇年代初的國際聯盟（League of Nations）為代表，但這個機構幾乎沒有最終權力，因為當前的機構都無法有效地對國家主權進行檢視。有鑑於強制力的缺乏，這樣的機構缺少了預防戰爭所需的主權力量。因此結論就是：為了國際關係而放棄主權，是通往和平的唯一途徑。愛因斯坦自稱「對民族主義偏見已免疫」，並認為國際機構的風險是值得承擔的：「對國際安全的追求，涉及到每個國家必須在一定程度上無條件地放棄其行動自由、也可以說是其主權，且毋庸置疑的是，沒有一條路比這更加安全。」他接著點出了這項努力的失敗「無疑是因強烈的心理因素在作祟」[27]。對於佛洛伊德而言，癥結點在於：當群眾要反抗暴君，換句話說，若群眾不認同毫無約束之力的擬人形象時，該如何對團結情感做出最佳理解。的確，躁狂是解決現實問題的唯一途徑——這也是為什麼它隸屬於憂鬱的迴路。躁狂看似以一種不羈的自由方式而運行，只為了要回歸受限的生活問題之上。但是什麼決定了這種情況？若對行使自由的現況提出質疑，會發生什麼事？伴隨而來的是烏托邦式的匆匆一瞥——當然，這只是短暫的，但政治潛力（political potential）不會因此就不存在。

佛洛伊德為了探究防止戰爭的方式所進行的努力，最終使他走上了一條在他對群眾心理學的反思中從未追尋過的思路：他探索的第一條路線，訴諸了對民族主義興盛的抵抗。第二個路線則是呼籲人們留意人類天性中的「有機」基礎。最後，他以有力的方式證明了唯有兩種方法可以反制戰爭傾向：即是動員「其（戰爭）敵手『愛欲』」，以及形塑共同的身分認同形式[28]。對此，佛洛伊德推測：

---

27 Einstein to Freud, "Why War?," 200.

28 同上，頁212。

透過教育以及培養非民族主義的團結情緒來實現群眾發展是可行的[29]。理想狀況是讓共同體中的每個成員都能做到自我克制，並認識到守護生命本身就是一個值得共同重視之善，以便能確實地實行。佛洛伊德對於共同體的理想是：共同體內的成員都同樣以守護生命之名來施加自我約束，藉此開拓了批評判斷力與民主化思維的可能性，如此一來便不會為了要達到某種道德立場，而仰賴於極端的超我式自我鞭笞（self-flagellation）。而最終，他能否對這種質疑立場做出令人信服的回應，即人們的破壞力已深深地刻劃在驅力的生命中，以至於沒有任何政治安排能有效地檢視這些破壞？一方面，佛洛伊德主張：人們必須在能建立和守護社會紐帶的愛、以及能建立和守護團結情感的認同之上團結起來，對用狂放且無意識之方式來撕裂社會紐帶的仇恨（或死亡本能）進行超越與抵抗。另一方面，他再三強調：愛與恨皆是構成驅力的重要層面，而要想只通過增強愛欲來根除破壞性是不可能的。有時候我們不僅必須**攻擊性**地捍衛我們的生命，以維護生命（愛欲

29 有關佛洛伊德對民族主義和猶太復國主義的抵抗，見 Jacqueline Rose, *The Last Resistance*, London and New York: Verso, 2007, 17–38.

目的）；我們還必須承諾要與那些使我們懷有強烈敵意和謀殺衝動的人共同生活。

在他對認同和憂鬱的探討中，顯然所有的愛情關係都帶有矛盾性，朝著所謂愛與恨的兩個極端推進。因此，愛恨對立關係中的一端被以「愛」命名。但它也為反對一方命名，展現出情感上的矛盾和振盪變化。有人會說：「我愛你，所以我不恨你。」但也有人說愛與恨是盤根錯節的，這種矛盾即是我們所謂的「愛」。在前者的表述中，愛是明確的。而在後者中，愛則無所遁逃於矛盾。儘管兩者間不同調，但在這些表述方式當中所建立起的節奏，是否會為佛洛伊德建構出一種更廣泛的愛的概念？

因此，佛洛伊德對破壞性和戰爭的觀點似乎產生了兩種後果，這些觀點雖被開展，但並未被好好遵循。首先，對加速的民族主義情感形式所進行的糾正，本身即是一種矛盾，是對社會紐帶的「撕裂」，這是由對興奮和敵意之間有意識的自我疏離，以及限制性（restrictively）民族主義框架所導致而成的。一個人可能會在愛上一個國家的同時，也抗拒著其民族主義的狂熱；這將會激發出矛盾，從而引發對戰爭可能性的批判性反思，以及對投入這種刺激的抗拒。而第二種後果，則是會凝聚對戰爭本身的仇恨。佛洛伊德在寫給愛因斯坦的信中，以他特有的修辭方式間接指出了這一點。舉例而言，他寫道：「我們對戰爭普遍的仇恨基礎……是因為除了恨以外我們別無他法。我們之所以是和平主義者，是因為我們有機的天性就是如此應允我們的。」[30]

確切地說，這種主張既籠統且令人存疑。而佛洛伊德以這種方式書寫時，他是怎麼想的呢？一方面，他所告訴我們的是死亡驅力是我們有機生命中「無法戰勝」的層面；另一方面，似乎存在著一種通向生命的驅力，或說是一種活力主義式的驅力——將試圖去推翻對生命本身的威脅。在我們的有機天性中只有一部分會使我們成為和平主義者，並對團結情感付諸重視：而這些人會試圖推翻破壞力量和對霸權的擬人化迷戀。因此，他實際上是在喚起、或召喚我們有機天性的一部分，一旦能夠獲得超越破壞性衝動的力量，使我們有機天性中和平主義者的那

30 Freud to Einstein, “Why War?,” 214.

部分便得以顯現，如此一來，就可以使破壞性衝動屈服於自我守護的集體目標。

佛洛伊德通過訴諸有機天性來彰顯和平主義之必要性，但這唯有在當「文化增長」（growth of culture）催生出了對戰爭之不滿，以及對其難以忍受的特質之覺察時，才可能發生。因此，只有那些**被教化過**（educated）的有機天性，才能不再因戰爭而興奮戰慄，因為唯有經過教化的雙眼，才能看清（和想像）戰爭所隱含的對有機生命之破壞，這個事實對於本身就做為有機生命體的人類而言，是無法接受的。一方面，有機生命使我們成為和平主義者，因為我們中至少有一部分人不會毀滅自己（前提是當我們未受死亡驅力的主導）。另一方面，我們只是通過一種文化進程，來理解破壞有機生命的後果，這種文化進程使我們能夠看見並審慎思考這種破壞，因此對破壞本身產生排斥。最終，佛洛伊德所希望的是，有機生命的另一種變遷，能對以毀滅這種生命為目標的死亡驅力握有最終決定權，而各種有機生命形式將被視為是通過依存關係而互相連結，並延伸至整個生物世界。如此一來，即使有機體有時會受到迂迴或破壞性的死亡甬道所左右，它仍然是一種生命有機體的政治。仇恨不可能完全消失，但是它的消極力量可以聚焦為一種積極的反戰立場，一種會與另一股力量相互牴觸的破壞形式——好比說，這種觀點能與一種激進形式的和平主義互相兼容，也就是愛因斯坦所說的「戰鬥性的和平主義」[31]。

甘地也曾說過：「我發現生命在毀滅之中依然存在，因此，破壞之上必須有更高的法律存在。」[32]他同樣也將其與「愛的法律」相連結。無論這種「法律」採取何種形式，似乎都會以修辭的方式訴諸法律，以及防止破壞的請願。它不見得會奠基於某種可見的法律；相反地，就如有機天性所要求的一樣，它是一種政治和倫理的修辭，旨在迫使與轉變非暴力的走向，特別是在種種暴力誘惑都被記錄了的場合。

佛洛伊德對非暴力的訴求也在精神及社會領域發揮作用，當中，行動被往迴

31 見愛因斯坦於一九三一年一月與喬治・西爾維斯特・維雷克（George Sylvester Viereck）的訪談，當中他說道：「我不僅是和平主義者，還是激進的和平主義者。我願意為和平而戰。除非人民自己拒絕參加戰爭，否則戰爭不會結束。任何偉大的事業，都必須先由激進的少數所擁護。」In *Einstein on Peace*, *Otto Nathan* and Heinz Norden, eds., Pickle Partners Publishing, 2017, 125.

32 Mahatma Gandhi, "My Faith in Nonviolence," in Arthur and Lila Weinberg, eds., *The Power of Nonviolence: Writings by Advocates of Peace*, Boston: Beacon Press, 2002, 45.

異的方向所推去。任何加諸於暴力之上的「法律」都是無法被編纂或不適用的法。它構成了訴求本身，而對他人的訴說、道德紐帶，都通過這種訴求而被預設與活絡。再者，即便從破壞從屬關係、或解構不公政權的意義上而論，也不代表破壞就完全無立足之地了。主體若屈服於謀殺式的權力形式，就等於是制定出針對自身的暴力，為超我的結構樹立起一種政治權力，即一種內化的暴力形式。超我的臨界點在於對自我和生命有機體的破壞（即自殺或謀殺），但佛洛伊德在與愛因斯坦書信往來的最後，他所想像的攻擊形式，卻屬於一種不同的秩序。當他表示對抗暴君的唯一希望是動員躁狂（通過一次又一次的夷平，直到主權力量被排山倒海地壓垮）時，他使我們窺見那些暴動團結的形式，這種形式與專制、暴政統治，以及威脅破壞生命本身的戰爭形式背道而馳。對戰爭的仇恨也許就像躁狂的展現，僅憑這種躁狂就可以使屈服者從暴君統治中解放，而兩者都會通過自身的批判功能去反抗他人，從而打破了民族主義和軍國主義的社會歸屬形式。批判功能以異議者的民主化之名而日益活躍，呈現出反戰、對民族主義陶醉的抗拒，並反對領導人堅稱對戰爭集權當局的服從是一種義務的說法。在這種情況下，佛洛伊德便根據團結情感，想像出批判性判斷的民主化，這種團結與威脅生命的攻擊傾向（包括其批判表現形式）背道而馳。攻擊和仇恨固然始終存在，但如今它們矛頭所對準的，是那些會對平等版圖擴張的前景進行破壞、以及會對我們相互連通的生命之有機存續造成損害的一切事物。但是一切都無法保證，因為死亡驅力顯然也做為有機生命的一部分。因此，若是有機體最終遭到生死的二元性所驅使，或許也不用太訝異。儘管我們偶爾會在警惕狀態中，做出難得果斷且決定性的努力，但是將我們形塑為政治生物（political creature）的鬥爭，在我們的自覺理解並不完善的情況下，仍然會在生與死的實踐中不斷運轉。

【後記】

脆弱、暴力、抵抗之反思

可以確定的是，我們生活在無數暴行和無謂死亡肆虐的年代，因此，一個龐大的倫理和政治問題就此形成：即我們能透過哪些表現模式來理解這種暴力？有些人會認為，全球與地方當局都必須辨別出弱勢團體，並為他們提供保護。雖然我並不反對以更多「弱勢證明文件」（vulnerability papers）使更多移民得以越境，但我想釐清的是，這種話語和權力的特殊形式，是否能掌握問題的核心。誠如所見，如今備受批評的癥結點是，對「弱勢團體」的論述將再現家長式權力，並把利益與約束權力賦予了監管機構。與此同時，我也銘記在心的是，許多脆弱性的倡導者正從實證與理論研究中，試圖解決這個問題[1]。

顯然，儘管重新評估脆弱性與提供照顧有著同等重要性，但脆弱性和照顧都不能做為政治基礎。我當然想要成為一個更好的人，並為此付諸努力，一部分是因為我承認那些自身所犯下的深刻且反覆的過錯。但我們都不應該試圖成為聖人，如果成聖意味著我們為自身積貯所有的善行，把人類精神中的缺陷或破壞性

1 見瑪莎・法曼（Martha Fineman）為其在埃默里大學研究團隊所建立的學術網站："Vulnerability and the Human Condition," 埃默里大學官方網站：web.gs.emory.edu/vulnerability.

層面都排除至外部的行動者，即那些生活在「非我」區域的、跟我們不相認同的人們。舉例而言，如果我們所謂「照顧」的倫理與政治，是指一種持續不斷且無衝突的人類稟性（human disposition），這種稟性能夠、也應該催生出一種女性主義的政治框架時，我們便陷入了一種分歧的現實，當中我們自身的攻擊傾向被從畫面中刪除，或被投射到他者身上。同樣地，如果我們能將脆弱性樹立為一種新的政治基礎，那將會事半功倍。然而，若將脆弱性視為一種狀態，就既不能將它與其他術語隔離開來，也無法把它歸類為一種足以做為基礎的現象。舉例來說，一個並非時刻都處於脆弱狀態下的人，還能被視為是脆弱的嗎？更進一步試想，如果那些處於脆弱狀態下的人，對該狀態加以抗拒，我們又該如何理解這種雙重性？

我主張，我們的任務並不是要像脆弱生物般集合起來，或創造出一個以脆弱者為首的階級。在對遭受暴力侵害的人和社區進行系統性的描繪時，若我們為他們貼上「弱勢者」標籤，對他們是否公平、是否尊重他們努力掙扎的尊嚴？在人權工作的語境下，「弱勢族群」這一範疇中，包含了那些需要保護與照顧的人。

當然，讓公眾意識到那些缺乏基本維生需求（如糧食與容身之處）者的處境是相當重要的，但那些人身自由與合法公民權被剝奪、甚至因此被定罪的人也同樣重要。確實有越來越多的難民遭到各個民族國家和跨國組織所拋棄，當中當然也包括歐盟。根據聯合國難民署（United Nations High Commissioner for Refugees）估計，目前世界上有將近一千萬的無國籍者[2]。同樣的還有拉丁美洲「殺戮女性」（*feminicídio*）現象下的受害者，每年將近有三千人，特別在宏都拉斯、瓜地馬拉、巴西、阿根廷、委內瑞拉，以及薩爾瓦多等地最為猖獗，包括那些因其女性化特質而遭受殘酷虐待或殺害的人，之中也有許多跨性別女性[3]。與此同時，「一個女生都不能少」（Ni Una Menos）的運動，動員了遍布拉美逾百萬名的女性（還加上西班牙跟義大利）上街，抗議大男人主義之暴力（machista violence）。這場

---

2 聯合國難民署（United Nations High Commissioner for Refugees），*Statelessness around the World*，聯合國難民署官網：unhcr.org.

3 見 "Countries with the Highest Number of Murders of Trans and Gender-Diverse People in Latin America from January to September 2018," *Trans Murder Monitoring*, November 2018, statista.com/statistics/944650/number-trans-murders-latin-america-country。同見 Chase Strangio, "Deadly Violence against Transgender People Is on the Rise. The Government Isn't Helping," ACLU, August 21, 2018, aclu.org.

由女性、跨性別者以及異裝者（*travestis*）所組織的運動，已深入校園、教堂、工會，連結了分布於各個經濟階層與宗教社群的女性，一同反抗對女性與跨性別者的殺戮，以及始終存在的歧視、毆打和系統性不平等的問題。

因「殺戮女性」喪命者，往往會被以煽動的方式報導，而伴隨而來的震驚只是曇花一現。然後這類事件會再次發生。可以肯定的是，這種恐怖是真實的，但它卻不見得會跟凝聚集體憤怒的分析與動員產生實質連結。一旦犯案的男性據說患有人格障礙、或某種特殊的病理狀況時，這種暴力系統的特徵便被抹煞了。而當死亡被認為是「悲慘的」，同樣的抹煞情形也會發生，彷彿是宇宙中相互衝突的力量釀成了這種不幸結局。在哥斯大黎加，社會學家蒙塞拉特・沙嘉特（Montserrat Sagot）曾經主張：針對女性的暴力，不僅使得社會中男女系統性的不平等問題浮上檯面，還體現出一種部分隸屬於獨裁權力與軍事暴力遺緒的恐怖形式[4]。殘酷謀殺的「有罪不罰」現象讓暴力遺緒得以延續，而當中支配、恐怖、

4 Montserrat Sagot, "A rota crítica da violência intrafamiliar em paíseslatino-americanos," in Stela Nazareth Meneghel, ed., *Rotas críticas: mulheres enfrentando a violência*, São Leopoldo: Editoria Usinos, 2007, 23–50.

社會脆弱性以及滅絕，則規律地上演。在她看來，暗殺事件並不能透過訴諸個人特質、病理、甚至是男性攻擊傾向來做出解釋。反之，必須從社會結構的複製理解這些殺戮行為。她進一步主張，必須將之描述為一種極端形式的性別歧視恐怖主義（sexist terrorism）[5]。

對沙嘉特來說，殺戮是最極端的支配形式，而其他形式如歧視、騷擾、毆打等，必須被理解為殺戮女性的連續體。這並非因果關係的論證，然而所有形式的支配，都把這種致命結論標示為一種可能性。性暴力會挾帶死亡威脅，而這種死亡承諾又有極高機率被兌現。

「殺戮女性」在某種程度上，是通過塑造出一種恐怖氛圍來運行的，當中包括跨性別女性在內的任何女性，都可能遭到殺害。這種恐懼在有色女性和有色酷兒身上更為複雜，尤其是在巴西。儘管存在這種環境威脅，但那些活著的人認知到自己**暫時還活著**，在這種具有潛在危害的氛圍下，她們隱忍並持續呼吸。在這

5 同見 Julia Estela Monárrez Fragoso, "Serial Sexual Femicide in Ciudad Juárez: 1993–2001," *Debate Feminista* 13:25, 2002.

種氛圍下求生的女性，某種程度上會因為這種殺戮行為的普遍性和伴隨而來的有罪不罰，而深感恐懼。為了逃離這種命運，女性被誘導要對男性服從，這也意味著她們的不平等和從屬經驗，早已與「可殺死的」（killable）地位連結在一起了。「不服從就去死」看似是一種誇飾的命令，但是許多女性都清楚，這樣的訊息就是針對她們。這種恐怖的力量經常會得到警察與法庭拒絕起訴的系統所背書、支持與強化，並對這些行動的犯罪特質不予承認。有時，暴力會對那些膽敢提出法律控訴的女性做出二次傷害，對這種勇氣與堅毅的展現執行懲罰。

在這種場景下，殺人明顯是一種暴行，但若不是那些想脫罪、責備受害者、或本著免責的精神將殺手病態化的人，這種暴行也不會以如此急遽的速度和強度被複製。事實上，有罪不罰的現象經常內建於法律結構中（這也是地方當局之所以抵制美洲人權法院之干涉的原因之一），這意味著拒絕受理案件、對提案者的威脅，以及對罪行的否認，這些都使得這種暴力永遠存在，許可了謀殺行動。

如果「殺戮女性」被認為會催生出性恐怖（sexual terror），那麼這些女性主義者與跨性別者的鬥爭便能（也本該）一併而論，此外更能與酷兒族群、與恐同症對抗之行動者、有色人種（他們被不成比例地當作暴力或拋棄的對象）所進行的鬥爭聯繫起來。如果性恐怖不僅攸關了支配，更攸關滅絕，那麼性暴力就成了一處由壓迫的複雜歷史，以及反抗鬥爭所構成的稠密點（dense site）。這些人命損失當然都是個人且可怕的，誰叫她們身處於這個將女性性命**視為不可悲慟**的社會結構中。暴力行為樹立了這種社會結構，而社會結構又超越了暴行，使其得以被體現與複製。「一個女生都不能少」，意指這些死亡根本不該發生，也不該再發生。

我所引證的例子並不能說明這些暴力行為的歷史特殊性，但也許會引入一系列能對我們在試圖理解謀殺時有所幫助的問題，而不只是將謀殺視為一種孤立而恐怖的行為。訴諸建立全球概貌、與對現實之描述的這種倫理與認識論要求，必須把在美國監獄和街道上發生的謀殺案例也一併納入考量，這往往屬於那些當場執法的警察之職責。右翼民粹主義擁護新的威權主義、新的安全理論，以及維安部隊、警察與軍方的新權力（這三者間的特殊融合似乎越來越常被用於監控公共空間），認為這樣的致命機構是「保護人民」免受暴力侵害所必需的；然而，這樣的正當化說詞只會擴張警察權力，並使那些處於邊緣的人們蒙受更加嚴峻的束縛與限制之監禁策略。

那麼，是否有什麼方法能命名與對抗這種死亡政治形式，又不會產生出一個會否定女性、酷兒、跨性別者，與（廣泛定義下的）有色人種間的社群網路、理論與分析、團結、發起有效反對的權力的受害者階級（class of victims）？警察仗著保護之名，試圖「保護」人民免受暴力侵害，並擴大他們的監禁權。在我們探討「弱勢族群」的過程中，是否也不知不覺地做出類似的事情，因此我們的任務就變成要使他們從這種脆弱性中解脫？這個任務由某種組織或機構所承攬，致力於提供這些解脫辦法。能從瀕危狀態解脫固然是好事，但這種途徑是否能真正掌握並反抗暴力的結構形式，還有將族群置於不宜居的險境中的經濟學？為什麼「我們」不像放棄這種可說是家長式的選擇，以加入團結網路，與那些脆弱且努力掙扎的人，一同反抗社會支配與暴力形式？一旦被認定為「弱勢者」，他們是否還能保有並行使自身權力？還是說在這種處境中，弱勢者消失的權力，已然以家長式的權力面貌重新出現？

如果那些被視為弱勢者的處境，實際上是在相同的歷史條件下，由脆弱性、憤怒、持續性和反抗所形成的星群（constellation）呢？從這個星群中**提取出**（extract）脆弱性，同樣也非明智之舉；事實上，脆弱性貫穿並制約著社會關係，若我們缺乏這種認知，要達到所期望的那種實質平等的機會，將會微乎其微。脆弱性不應該只被消極地辨識，唯有基於一系列具身化的社會關係（包括抵抗實踐）才能具有意義。將脆弱性視為具身化之社會關係與行動的一環，能幫助我們理解抵抗的方式是如何出現、以及為何會出現。儘管支配不見得會伴隨抵抗而來，但如果我們的權力框架無法掌握脆弱性和抵抗共同作用的方式，恐怕就無法分辨出那些由脆弱性中所開展出的抵抗基地（site）。

在歐洲的延伸邊界上所上演的剝奪與死亡，具有強烈的組織特性，而移民和其同盟所做出的抵抗則攸關生死，且屢見不鮮。光是在二〇一七年至二〇一八年間，就有約五千四百人因試圖橫跨地中海而死，當中包括大批尋求跨海移民的庫德族人（Kurdish）[6]。根據敘利亞人權網路報告（Syrian Network for Human Rights）指出：截至二〇一九年三月，正值敘利亞危機八週年之際，平民的死亡人數來到了二十二萬一千一百六十一人大關[7]。除了女性殺戮外，我們還可以借鏡許多例子來提出以下疑問，即我們應如何命名和理解那些以剝奪與死亡為宗旨的族群組織，當中包含了對土耳其邊界上的敘利亞人和庫德族人的殘酷對待，以及歐美各地的反穆斯林、反移民與反黑人種族主義之合流，由而形塑出「可拋棄者」的觀念——這些人被視作垂死之人，或根本早就死了。

與此同時，那些失去基礎設施支撐的人，發展出了一套網路，對時間表進行溝通，並試圖了解與利用地中海的國際海事法，以便他們成功越境——他們策劃出一條路線，並與有辦法提供各種支持形式的社區搭上線，好比說與樂善好施的無政府主義者一同擠在空置的旅館中。那些在歐洲邊界聚集的人，與政治哲學家阿岡本（Giorgio Agamben）所說的「裸命」（bare life）不盡相同——也就是說，

6 國際移民組織（International Organization for Migration），"Mediterranean Migrant Arrivals Reach 113,145 in 2018; Deaths Reach 2,242," 國際移民組織官網（二〇一八年）：iom.int; "Mediterranean: Deaths by Route," Missing Migrants Project, missingmigrants.iom.int, accessed May 15, 2019.

7 敘利亞人權網路（Syrian Network for Human Rights），"Eight Years Since the Start of the Popular Uprising in Syria, Terrible Violations Continue," 敘利亞人權網路官網（二〇一九年）：sn4hr.org.

我們並不通過剝奪他們所有能力的方式，來認識他們所受的苦難。相反地，大多數情況下他們都處於一種非常處境：臨時湊合的社交形式、使用手機、儘可能地策劃並採取行動、繪製地圖、學習語言，雖然很多時候這些活動都難以進行。甚至代理機構屢屢遭到查封，他們仍然想方設法突破這些封鎖線、進入暴力的權力場域以阻止其延續。當他們訴諸文件、行動、進入許可時，他們也不全然是在克服脆弱性——而是在**展演**（demonstrate）**脆弱性**，並**與之一同被展演**。脆弱性並未被奇蹟似地、英勇地轉化為力量，在此出現的是一種訴求的傳達，即只有獲得支持的生命才得以**做為生命**而延續。有時候，這種訴求是透過將身體暴露於警察權力之下、以及拒絕移動來達成的。記錄下這些請願者身影的手機畫面，成了這些真實生命的虛擬保護殼，也凸顯出這些生命對虛擬傳播是何等的依賴。唯有當提出主張的條件存在，身體才能做出「這就是生命」的宣言，換言之，必須訴諸一種引人注目且可公開索引（public indexical）的表態。

舉例來說，以波斯語、阿拉伯語、土耳其語、德語、法語及英語出版的德國報紙《反抗日報》（*Daily Resistance*）中，囊括了一系列由難民所著的文章，提出一系列政治要求，比如說：廢除難民營、終止德國的「住所義務」（*Residenzpflicht*）政策（該政策限制了難民在狹窄邊界內上的行動自由）、停止所有驅逐出境、補助難民工作與學習等[8]。在二〇一二年，多名在符茲堡市（Würzburg）的難民縫上他們的嘴，抗議政府對他們裝聾作啞。這種表態在好幾個地點重複出現，最近一次發生於二〇一七年的三月，來自法國加來市（Calais）的伊朗移民，當時難民營尚未被廢除與疏散。而他們普遍認為若無政治回應，難民便無從發聲，若聲音未能被聽見，就無法被註記，政治聲音也就一併失去了。當然，他們並未透過主張的（propositional）形式來提出訴求，而是透過一種可讀且可見的姿態凸顯這點，以一種無聲的方式，做為其訴求的標誌與體現。縫唇的意象顯示出需求無法傳達的事實，因此採取無聲的方式提出訴求。在視覺上，它做為一種「無聲」的展現，旨在點出那些強加於聽覺上的政治限制。

另一個例子是二〇一三年六月，土耳其塔克辛廣場（Taksim Square）上的「站

8 見作者所著 "Vulnerability and Resistance," *Profession*, March 2014, profession.mla.org.

立者」（standing man），這是針對埃爾多安（Erdoğan）政府的抗議行動中的一環，當中包含了對其私有化政策和獨裁主義的反抗。「站立者」是一位名叫厄登・甘度茲（Erdem Gündüz）的表演藝術家，他遵從國家在大規模抗議後立即頒布的「不集會、不與集會上的他人交談」的法令——該法由埃爾多安政府所頒布，是破壞民主最基本的設定：即行動、集會與言論自由。因此，一個人站了起來，與另一個人保持規定的距離，然後一個接著一個地這麼做。從法律層面來看，他們並不構成集會，也沒有人在講話或移動。他們所做的一切完全合乎法規，數百人就這樣保持著適當距離，佔據了整個廣場。他們有效地展示所生活下的禁令，對其屈服的同時，也在鏡頭下展示了那些無法完全被禁止的一面。這種示範傳遞了至少兩種意義：「禁令」成了一種腳本，由身體展示、配合與演出；同時，禁令卻也遭到反對、反向操作。由手機、相機，以及那些無法被言語和動作攔截的技術形式所開闢的虛擬場域，使得示威得以被闡述。因此，這種表演在屈服於封鎖的同時也進行了反抗。它通過同時彰顯與反抗自身的屈服，來凸顯屈從者的棘手處境。

在這種情況下，屈從者的生者（living）特徵也被推上舞台：這條生命不會就此屈服，無法就此剝奪其在公開場合出現與發聲的機會；這是一條**活生生**的生命，而人數的倍增意味著它不會被撲滅，並將繼續透過它的生者特徵，來提出主張與訴求。那些聲稱「我不會輕易消失」或「我的消失將留下斑斕的痕跡，而反抗將從中滋長」的身體，有效地在公眾媒體領域樹立了自身的可悲慟性。他們在示威過程中將身體暴露在外，讓大眾了解身體恐會遭受的拘留、驅逐或死亡風險。這種具身化的展演，將特定的歷史性暴力行為浮上檯面；它以本身的展演性與具身性的持續存在做為賭注，並提出訴求。值得注意的是，這種訴求並不是通過身體的直接性（immediacy）來提出的，而是透過受到社會規範與遺棄的身體而達成的，身體通過對這種規範的堅持與抵制，以可讀的表達主張自身存在[9]。它做為自身的指示語（deixis）而行，指向或演出了影射自身處境的身體：**這個**身體、或**這些**身體，暴露於暴力之下，抗拒消失。而這些身體仍然存在，也就是

9　見 Lauren Wilcox, *Bodies of Violence: Theorizing Embodied Subjects in International Relations*, Oxford, UK: Oxford University Press, 2015.

說，它們在自身的存續力量不斷地遭系統性削弱的條件下仍然存續著。

這樣的存續無關乎英雄式的個人主義，也無關乎對未知的個人資源所進行的深究。身體做為一種存續，並不是個體或集體意志的展現。因為一旦我們接受了身體必須部分地依附著其他身體的事實（此時這屬於本體論的主張）——必須依附其生命過程、依附於其支持網路，而它同樣也在當中做出了貢獻——那麼我們也就接受了要完全將個人身體與他者劃分的這種構想不盡然正確，然而，要無差別地將它們一併而論亦不恰當。若未在人體賴以維生和發展的機構、實踐，以及關係之脈絡下，將人體的政治涵義概念化，我們就無法針對為何無法容忍謀殺、為何必須反對拋棄、為何必須減緩瀕危處境等問題給出最好的解答。這不僅只是這個或那個身體被綁定於關係網路中的問題，而是彼此間的邊界早已相互涵蓋且息息相關；也許正是憑藉其邊界，身體才能在從物質和社會世界區分出來的同時，又能暴露於物質和社會世界中，使自身的生活和行動化為可能。當生命的基礎設施條件陷入困境時，也會連帶影響生命本身，有鑑於生命必須仰仗這些基礎設施，其不僅做為外部支撐，更扮演生命本身的內在特徵。若我們否認這種唯物主義觀點，只會使自己身處險境之中。

批判性的社會理論通常不會考慮到這樣的方式，亦即以我們思考社會關係的方式來做為生死的前提。一說是因為生死都由社會所組織，另一說則是我們能夠對生死做社會形式進行描述。可以肯定的是，這是一項重責大任。但如果我們在這樣的討論中，未對「社會」一詞的含義加以著墨，我們恐怕就無法看清死亡威脅與生命承諾兩者，是如何做為所謂「社會」關係的構成特徵而存在的。因此，就某方面而言，我們的建構主義習慣必須調整，才能領略此處的生死議題：對於那些身體存續者，其存續本身始終會存在一些條件限制。如果這些條件未能實現，那些生命的存續也將遭受威脅。

如果存續的權利存在，這樣的權利也與個體為了延續自身，而犧牲其社會條件的情況有所不同。個人主義無法掌握這種權利本身所預設的脆弱性、暴露，甚至是依賴，我主張這種權利乃是與「身體邊界本身做為一種緊張且易感的社會關係」相互呼應。蹣跚或跌落的身體是否被支持網路所接住、身體是否能暢行無阻地移動等問題，取決於世界是否是由重力與移動性所打造而成，以及這樣的世界是否能持續如初。打從一開始，皮膚就做為一種暴露於外在元素的方式，但這種暴露總是採取一種社會形式。而這種暴露早就是一種既存的社會組織關係了——一種攸關庇護、足夠的衣物、健康服務的關係。當我們試著將身體簡化為赤裸元素、甚至是赤裸生命之初，來探究什麼是對於身體最為基本之物，我們會發現即便生命在只有最基本的需求之際，社會世界也早已開始建構場景了。因此，當論及移動性、表達、溫暖與健康這些基本需求時，也意味了身體處於這個社會世界中，當中道路則以不同的方式給鋪砌，可能開放或封閉；而衣著模式與居住形態，可能是可用的、負擔得起的，或只是臨時的。身體總會以其存續、維繫與繁盛做為依據，而被社會關係所定義。

人類生命的繁榮與非人生物的繁榮息息相關；人類與非人生命間，也會因他們所屬、所共有、以及所需的生命歷程而產生連結，這引發了關於管理的各種問題，而這些問題應受到各領域學者與知識分子的高度重視。自我存續的政治概念經常在捍衛暴力的行動中被加以利用，而這種概念並未將地球存續當作自我存續的必要條件，並認為我們是以一種自足（self-subsisting）的生命形式「處於」全球環境之中，而不是因為這顆星球存在，我們才得以存在。人類和所有生物都需要無毒的土壤和乾淨的水源，才得以延續生命[10]。如果我們之中的任何一方希望生存、繁榮，甚至盼望過上美好生活，就必須與他者共存——沒有了這些他者，我們就算不上活著。我不會在這種情況下失去「我」自己；相反地，如果我夠幸運地活在一個對的世界，那麼無論我是誰，我都能通過與他人間的聯繫，來改變及維持我的聯繫形式，進而使自身被穩定地支撐與改造。

這種二元關係只講述了片面的故事——而這部分可以通過雙方的相遇來驗證。「我」需要「你」才得以生存與繁榮。然而，「我」跟「你」都需要一個永續的世界。這些社會關係可以做為基礎，讓我們能對彼此互相肩負的非暴力之全球義務，進行更廣泛的思考：我必須與某些人共同生活，而破壞潛力又往往正存在於這種必要關係之中。一個團體不能脫離另一個團體而活，這也意味了一個人的生活在某種意義上，已成了另一個人的生活。然而，越來越多的人不再屬於國

10 Donna Haraway, *The Companion Species Manifesto*, Chicago: Prickly Paradigm, 2003；另見 *When Species Meet*, Minneapolis: University of Minnesota Press, 2007.

家、失去故土、眼見故鄉被轟炸或掠奪；那些被從各種類別中驅逐出境的人們，在種種條件之下微弱地堅持自身，乘載著難以承受的失去繼續前行，開始以新的語言說話，並被以「無國籍者」、「移民」或「土著」等詞彙所概括。

能將我們跨越地緣政治的暴力地區而相互牽引的這種聯繫，可能是未知且脆弱的，還可能裝載了家長主義與權力，但仍可以從對暴力至上與暴力必要性的質疑中所衍伸出的橫向團結形式，來強化這些聯繫。堅毅不摧的團結情感，接納了這種同盟的橫向特徵、對翻譯永遠的需求，以及標誌著其失敗的認識論極限（包括當中盜用與抹煞的層面）。承認脆弱性，但不將其視為主體屬性，而視為社會關係的一個特徵，並不意味脆弱性是身分、類別或政治行動的根據。相反地，在脆弱性條件下展現的堅毅，是其自身力量的一種證明，這跟擁護力量，視其為非脆弱性又有所不同。征服條件會再現它所反對的支配形式，並會貶低催生出團結與轉型同盟的易感性（susceptibility）與傳播性（contagion）形式。

同樣地，對非暴力的偏見往往將其視為消極且無用的，這往往暗中取決於性別的屬性劃分，陽剛特質代表了積極，而陰柔特質則與被動掛鉤。重估這些價值無法將這種二元對立的假象給擊垮。事實上，非暴力的力量，往往是基於對隱姓埋名的暴力形式進行抵制的過程中，所形成的反抗模式。非暴力揭露了國家的詭計，國家把對黑人、棕色人種、酷兒、移民、無家可歸者、異議者所做出的暴力防衛給合理化——彷彿他們同樣都做為破壞的載體，必須基於「安全因素」被拘留、監禁或驅逐。甘地心目中的「靈魂力量」從未與具身化的姿態徹底區分，後者是一種當生命存續性遭到攻擊的狀況下，仍然能生存與堅持下去的方式。有時能在社會關係所致的苦惱中繼續生存下去，往往是擊敗暴力的終極手段。

將非暴力實踐與一種不同於破壞性暴力的勢力或力量給聯繫在一起（體現在反抗或堅毅不摧的團結聯盟中），便能反駁「非暴力是種疲弱且無用的消極性」這種說法。「拒絕」不等同於「無所作為」。絕食抗議者拒絕再現囚犯的身體，並表示監禁的權力已經對被監禁者的存在本身造成攻擊。罷工或許稱不上一種「行動」，但卻透過撤回了對延續資本主義剝削所不可缺少的勞動力，從而宣告了自身力量。公民不服從看似只是一種「選擇退出」（opting out），但卻公開評判了法律系統是不正義的。它必須行使一種法外的裁判。這種衝破那道將人隔絕在外的柵欄或圍牆的行動，即是行使法外的自由主張，因為現有的法律制度未能提供這份自由。對一個會使殖民統治延續、加劇對全體人口的剝奪、流離失所、褫奪公民權的政權進行抵制，即是宣告政權的不公，並拒絕再現這種罪行、使之成為常態。

要使非暴力擺脫哪些生命值得存續、哪些生命能棄如敝屣的這種戰爭邏輯，就必須使它成為平等政治的一部分。因此，必須對公開領域（包括媒體以及公領域中的所有當代序列〔permutation〕）進行干預，才能使每條生命都變得可悲慟，也就是要使每條生命都值得活著、每個人都值得擁有生命。要讓每條生命都具有可悲慟性，換句話說，就是要使每條生命都能免於暴力、系統性拋棄或軍事消滅的侵害，而能夠以自身的樣貌來延續生命。為了抗衡這種經常合理化對黑人和棕色人種社群犯下的警察暴行、對移民的軍事暴力，以及對異議者的國家暴力的致命幻象圖式，必須訴諸一種新的想像——即一種能理解生命間相互依存性的平等主義式想像。這種想像是否不切實際且無用？是的，但它也可能成為一種新的現實，其不依賴工具主義邏輯，也不依賴會複製出國家暴力的種族幻象。這種想像中的「非現實主義」（unrealism）成分就是力量的根源。在這個世界中，我們要的不僅是每個生命都應該跟他人的生命被一視同仁地對待，或每個人都應享有平等的生存權和發展——雖然上述兩種可能性都必須被肯定。但下一步還要關注的是：「每個人」打從一開始，就被交付給另一個社會上的依賴者，但並沒有適當資源來讓人釐清這種生命所需的依賴性，究竟是剝削還是愛。

我們不見得要彼此相愛，才能形塑有意義的團結。批判功能與批判本身的出現，已與既棘手又珍貴的團結關係給綁定在一塊，我們的「情感」（sentiments）則牽引著構成這些關係本身的矛盾性。我們隨時都可能分崩離析，因此我們才要拚命地維持團結。唯有到了那時，我們才有機會在關鍵的共同點上存續：當非暴力成了一種渴望他人擁有生存的渴望時，就出現了一種說法：「你是可悲慟的，你的逝去將讓人無法承受，而我希望你活著，我要你自己也有求生渴望，請把我的渴望當成你的渴望，因為你的（渴望）也早就是我的了。」此處的「我」並不等於你，但沒有了「你」，「我」的概念也變得無從想像——狂暴的愛、戰鬥性的和平主義、攻擊性的非暴力、激進的延續——只盼我們能在這種束縛之下，找到方法與生者共存、緬懷死者，在悲傷和憤怒中、在死亡陰影籠罩下充滿困礙與艱苦的集體行動軌跡中，展現出我們的堅毅不拔。

國家圖書館出版品預行編目資料

非暴力的力量：政治場域中的倫理 / 茱蒂斯・巴特勒（Judith Butler）著；
蕭永群 譯. -- 初版. -- 臺北市 : 商周出版 : 家庭傳媒城邦分公司發行,
2020.11
面： 公分
譯自：The Force of Nonviolence: The Ethical in the Political
ISBN 978-986-477-933-8（平裝）
1. 社會運動 2. 政治思想
541.45 109015697

非暴力的力量：
政治場域中的倫理

原著書名 / The Force of Nonviolence: The Ethical in the Political
作者 / 茱蒂斯・巴特勒（Judith Butler）
譯者 / 蕭永群
企畫選書 / 梁燕樵
責任編輯 / 梁燕樵

版權 / 林易萱
行銷業務 / 周佑潔、周丹蘋、賴正佑
總經理 / 彭之琬
事業群總經理 / 黃淑貞
發行人 / 何飛鵬
法律顧問 / 元禾法律事務所 王子文律師
出版 / 商周出版
臺北市中山區民生東路二段141號9樓
電話：(02) 2500-7008 傳眞：(02) 2500-7759
E-mail：bwp.service@cite.com.tw
發行 / 英屬蓋曼群島商家庭傳媒股份有限公司城邦分公司
臺北市中山區民生東路二段141號2樓
書虫客服服務專線：(02) 2500-7718・(02) 2500-7719
24小時傳眞服務：(02) 2500-1990・(02) 2500-1991
服務時間：週一至週五09:30-12:00・13:30-17:00
郵撥帳號：19863813 戶名：書虫股份有限公司
E-mail：service@readingclub.com.tw
歡迎光臨城邦讀書花園 網址：www.cite.com.tw
香港發行所 / 城邦（香港）出版集團有限公司
香港九龍九龍城土瓜灣道86號順聯工業大廈6樓A室
電話：(852) 2508-6231 傳眞：(852) 2578-9337
E-mail：hkcite@biznetvigator.com
馬新發行所 / 城邦(馬新)出版集團 Cité (M) Sdn. Bhd.
41, Jalan Radin Anum, Bandar Baru Sri Petaling,
57000 Kuala Lumpur, Malaysia
電話：(603) 9057-8822 傳眞：(603) 9057-6622
E-mail：cite@cite.com.my

封面設計 / 兒日設計
排版 / 新鑫電腦排版工作室
印刷 / 韋懋印刷事業有限公司
經銷商 / 聯合發行股份有限公司
電話：(02) 2917-8022 傳眞：(02) 2911-0053
地址：新北市231新店區寶橋路235巷6弄6號2樓

■2020年11月初版1刷
■2023年12月初版2.3刷
定價 380元

Printed in Taiwan
城邦讀書花園
www.cite.com.tw

The Force of Nonviolence: The Ethical in the Political
by Judith Butler

ISBN 978-986-477-933-8

商周出版

廣 告 回 函
北區郵政管理登記證
台北廣字第000791號
郵資已付，免貼郵票

104台北市民生東路二段141號2樓

英屬蓋曼群島商家庭傳媒股份有限公司　城邦分公司

請沿虛線對摺，謝謝！

商周出版

書號：BK7096	**書名**：非暴力的力量	**編碼**：

請於此處用膠水黏貼

讀者回函卡

感謝您購買我們出版的書籍！請費心填寫此回函卡，我們將不定期寄上城邦集團最新的出版訊息。

姓名：＿＿＿＿＿＿＿＿＿＿ 性別：□男 □女

生日：西元＿＿＿＿＿年＿＿＿＿＿月＿＿＿＿＿日

地址：＿＿＿＿＿＿＿＿＿＿

聯絡電話：＿＿＿＿＿＿＿＿ 傳真：＿＿＿＿＿＿＿＿

E-mail：

學歷：□ 1. 小學 □ 2. 國中 □ 3. 高中 □ 4. 大學 □ 5. 研究所以上

職業：□ 1. 學生 □ 2. 軍公教 □ 3. 服務 □ 4. 金融 □ 5. 製造 □ 6. 資訊
□ 7. 傳播 □ 8. 自由業 □ 9. 農漁牧 □ 10. 家管 □ 11. 退休
□ 12. 其他＿＿＿＿＿＿＿＿

您從何種方式得知本書消息？

□ 1. 書店 □ 2. 網路 □ 3. 報紙 □ 4. 雜誌 □ 5. 廣播 □ 6. 電視
□ 7. 親友推薦 □ 8. 其他＿＿＿＿＿＿＿＿

您通常以何種方式購書？

□ 1. 書店 □ 2. 網路 □ 3. 傳真訂購 □ 4. 郵局劃撥 □ 5. 其他＿＿＿＿

您喜歡閱讀那些類別的書籍？

□ 1. 財經商業 □ 2. 自然科學 □ 3. 歷史 □ 4. 法律 □ 5. 文學
□ 6. 休閒旅遊 □ 7. 小說 □ 8. 人物傳記 □ 9. 生活、勵志 □ 10. 其他

對我們的建議：＿＿＿＿＿＿＿＿＿＿

＿＿＿＿＿＿＿＿＿＿

＿＿＿＿＿＿＿＿＿＿

【為提供訂購、行銷、客戶管理或其他合於營業登記項目或章程所定業務之目的，城邦出版人集團（即英屬蓋曼群島商家庭傳媒（股）公司城邦分公司、城邦文化事業（股）公司），於本集團之營運期間及地區內，將以電郵、傳真、電話、簡訊、郵寄或其他公告方式利用您提供之資料（資料類別：C001、C002、C003、C011 等）。利用對象除本集團外，亦可能包括相關服務的協力機構。如您有依個資法第三條或其他需服務之處，得致電本公司客服中心電話 02-25007718 請求協助。相關資料如為非必要項目，不提供亦不影響您的權益。】

1.C001 辨識個人者：如消費者之姓名、地址、電話、電子郵件等資訊。
2.C002 辨識財務者：如信用卡或轉帳帳戶資訊。
3.C003 政府資料中之辨識者：如身分證字號或護照號碼（外國人）。
4.C011 個人描述：如性別、國籍、出生年月日。

請於此處用膠水黏貼